지속적으로 성장하는 학원 만들기 프로젝트 1

학원 내비게이션

NAVIGATION

학원 내비게이션

초판 1쇄 인쇄 2012년 06월 18일
초판 1쇄 발행 2012년 06월 25일

지은이 | 김 성 민
펴낸이 | 손 형 국
펴낸곳 | (주)에세이퍼블리싱
출판등록 | 2004. 12. 1(제2011-77호)
주소 | 서울시 금천구 가산동 371-28 우림라이온스밸리 C동 101호
홈페이지 | www.book.co.kr
전화번호 | (02)2026-5777
팩스 | (02)2026-5747

ISBN 978-89-6023-918-0   03320

지속적으로 성장하는 학원 만들기 프로젝트 1

학원 내비게이션

글_ 김성민

NAVIGATION

성공

지속적으로 성장하는 학원 만들기 프로젝트

ESSAY

목 차

1부. 지속적으로 성장하는 학원의 원장님

성장하는 학원의 원장님에 관한 부분입니다. 학원을 성장시키려는 원장님이 가져야할 학원운영전략, 프랜차이즈 활용법, 학생 및 학부모 관리법 등 학원에서 바로 활용 가능한 스킬들을 구체적으로 제시하고 있습니다.

2부. 강사와의 효과적인 커뮤니케이션

성장하는 학원의 강사교육을 위한 부분입니다. 강사들의 마인드업을 위한 교육 자료와 교무회의시 즉시 활용할 수 있도록 커뮤니케이션 실제 사례를 제시하고 있습니다.

3부. 학부모와 효과적인 커뮤니케이션

학부모를 대상으로 하는 문서 커뮤니케이션 부분입니다. 학부모에게 보내는 가정통신문에 바로 활용할 수 있도록 구체적인 사례별 통신문 문안을 제시하고 있습니다.

2부. 강사와의 효과적인 커뮤니케이션

3부. 학부모와 효과적인 커뮤니케이션

서 문

지금 대한민국에서 학원은 필요악으로 인식되고 있습니다. '사교육'은 무슨 수를 써서라도 줄여야 하는 '옳지 않은 것'으로 인식되고 있지만 아이러니하게도 거의 모든 학생들이 이용하는 현실입니다. 오늘 당장 모든 학원이 문을 닫는다면 학생과 학부모 모두 큰 혼란에 빠질 것입니다.

현재의 학원산업은 정부의 적극적인 사교육 감소 정책, 학생인구 감소 뿐 아니라 지자체와 언론사 및 대학의 사회적 기업과의 경쟁까지 가세하여 고사 직전의 상태로 내몰리고 있는 현실입니다.

또한, 구청의 체육센터에 영어학원과 수학학원이 들어서고 있으며 지방의 어느 지방차치단체의 경우 시 소유의 건물에 영어학원 운영자를 유치하여 셔틀버스까지 운행하고 있습니다.

학교가 운영하는 '방과 후 교실'은 주요 사교육기업은 물론 언론사와 대학까지 참여하는 고래싸움으로 발전되고 있습니다.

이와 함께 계속된 출산율 감소는 학원산업의 미래를 어둡게 하고 있습니다. 고학력 청년실업의 돌파구로 학원과 교습소 창업이 증가하면서 학원당 학생수는 급격하게 감소하고 있습니다.

하지만 아무리 어려운 상황에서도 군계일학처럼 성장하는 학원이 있으며 모두가 다 어렵다고 하는 최악의 상황에서도 지속적으로 성장하고 두각을 나타내는 학원이 있습니다.

이 책을 읽는 학원장님은 바로 그와 같은 학원의 원장님이 될 것으로 기대합니다.

지속적으로 성장하는 학원을 만들기 위해서는 학원장님이 전문가가 되어야 합니다. 수학학원 원장님은 수학 전문가, 영어학원 원장님은 영어 전문가가 되어야 하며 학습 전반과 진학 및 학생관리 등 학부모가 자녀를 키우는데 도움이 되는 전반적인 지식을 갖춘 전문가가 되어야 학원이 성장하게 됩니다.

학원의 성장은 원장님의 노력만으로는 불가능하며 강사 역시 전문가 수준으로 레벨 업해야 합니다. 강사의 질은 학원장님의 몫입니다. 학원장님은 강사들에게 새로운 입시정책이나 트렌드 변화에 관한 교육을 시켜 강사들이 학부모와의 대화에 필요한 지식을 갖출 수 있도록 지도해야 합니다.

학생의 성적 향상이 학원의 소명이며 존재 이유라는 것을 항상 마음에 새기며 성적 향상의 공은 학생에게 돌리고 성적부진의 책임은 학원 스스로에게 지우며 그 원인과 대책을 냉정하게 세우고 실천할 수 있도록 독려해야 합니다.

이 책은 크게 세 부분으로 나누어져 있으며 저술목적에 따라 서로 다른 구성으로 이루어져 있습니다.

1부는 성장하는 학원을 만들기 위해 원장님이 해야 할 활동에 관한 부분입니다. 성장하는 학원을 만들기 위해 원장님이 가져야할 자세와 프랜차이즈 활용법, 학생 및 학부모 관리법 등 학원에서 즉시 활용 가능한 스킬들을 구체적으로 제시하고 있습니다.

2부는 성장하는 학원의 강사교육을 위한 부분입니다. 강사들의 마인드 업을 위한 교육 자료와 교무 회의시 즉시 활용할 수 있도록 커뮤니케이션 실제 사례를 제시하고 있습니다.

3부는 학부모를 대상으로 하는 문서 커뮤니케이션 부분입니다. 학부모에게 보내는 가정통신문에 바로 활용할 수 있도록 구체적인 사례별 문안을 제시하고 있습니다. 이 부분은 이제 막 학원운영을 시작한 신임 원장님에게 큰 도움이 될 것으로 기대합니다.

이 책이 어려운 경영 환경 속에서 한 가정의 가장으로서, 학부모로서, 수강생의 성적향상을 위해 끊임없이 노력하는 학원장님들이 지속적으로 성장하는데 디딤돌이 될 수 있기를 기대합니다.

마지막으로 이 원고의 첫 독자이면서 두 아이의 학부모로써 많은 아이디어를 제공해준 아내와 학원 생활의 많은 이야기를 들려준 규영, 서영에게 감사의 말을 전합니다.

1부

지속적으로
성장하는
학원의 원장

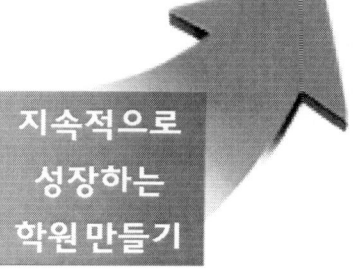

지속적으로
성장하는
학원 만들기

학원 쇼핑시대

대치동이나 목동, 평촌 등 유명한 학원가에서는 한 빌딩에 여러 학원이 운영되고 있는 것을 쉽게 볼 수 있습니다. 어느 건물의 경우 어학원과 수학학원이 층마다 운영되기도 합니다.

작은 아파트 상가의 경우 상가내 동일업종금지 원칙이 불문율처럼 지켜지고 있지만 학원이 밀집된 지역에서는 이런 원칙이 존재하지 않으며 무한적으로 학원이 들어서고 있기 때문입니다.

이 지역에서는 다양한 음식을 골라서 먹을 수 있는 백화점의 푸드 코트(food court)처럼 다양한 컨셉의 학원들을 한 곳에서 고를 수 있는 것이 당연하게 느껴집니다.

2층의 학원에서 좋은 성적 향상을 얻지 못했거나 학원 다니는 과정에 문제가 있다면 학부모는 언제든지 3층이나 4층의 학원으로 발길을 돌립니다.

실력 없는 학원은 쉽게 퇴출되며 실력 있는 학원만 생존하고 성장하는 적자생존의 격전지입니다.

학부모는 수강료를 납부할 때마다 백화점 쇼핑을 즐기듯 여러 학원을 저울질하며 갈등하고 있습니다.

대치동 등 대표적인 학원가를 제외하고는 대부분의 학원은 일종의 영역을 보호받으며 상대적으로 약한 경쟁관계에 있는 것이 사실입니다.

그러나 최근 들어 학원의 경쟁자는 학원이 아니라 학교와 구청에서 운영하는 체육센터, 시에서 운영하는 영어학원 등으로 확산되고 있습니다.

다양한 체육시설을 갖추고 저렴한 이용료로 시민들의 사랑을 받는 구청 소유의 체육센터에 영어학원과 수학학원이 들어서고 있습니다. 경기도의 어느 시는 시가 소유한 빌딩에 영어학원 운영자를 공모하여 저렴한 가격으로 셔틀버스까지 운행하고 있습니다.

학교가 운영하는 '방과후 교실'이 학원의 주된 경쟁자로 자리 잡은 지도 벌써 몇 년째입니다. 지역별로 격차가 있지만 학원전문 브랜드의 새로운 브랜드로 '방과후 학교'용 교재를 도입한 학교도 있으며 가격 면에서 학원의 절반도 되지 않는 경쟁력을 갖고 있습니다.

말 그대로 무한경쟁 시대로 변모하고 있습니다.

학부모들은 '방과후 학교', 체육센터, 학원을 방문하여 상담을 받고 각각의 상담 내용을 종합하여 자녀를 보낼 곳을 선택할 수 있습니다.

또한, 프랜차이즈 회사의 가맹학원 확대 정책으로 동일한 브랜드를 사용하는 학원이 인근에 속속 들어서고 있으며 이는 무엇으로도 막을 수 없는 대세입니다.

대표적인 프랜차이즈 사업인 편의점의 경우에서도 그렇듯 가맹점이 인근에 들어섰다는 이유로 가맹본사에 대해 가맹점이 할 수 있는 조치는 거의 없습니다.

원장님은 동일한 프로그램을 도입한 인근의 다른 학원과의 경쟁에서도 이기고 지속적으로 성장하는 학원을 만들기 위해 끊임없이 고민해야 합니다.

한 예로 동영상 학습 랭킹을 홈페이지에 공개하는 영어 프로그램을 운영하는 모 원장님은 학부모와 상담 시 해당학원이 전국 1위의 동영상 학습 학원이라는 점을 크게 내세우고 있습니다.

근처에 동일한 브랜드를 가진 학원이 있지만 '전국 1위 동영상 학습 학원'이라는 강력한 무기를 내세우며 경쟁학원을 압도하는 성과를 내고 있습니다.

2011년도 발표된 자료에 따르면 입시 및 보습학원 1곳당 전년대비 평균 10명 정도 감소하고 있습니다.

[그림1] 학원수 증가와 학원당 학생수 현황

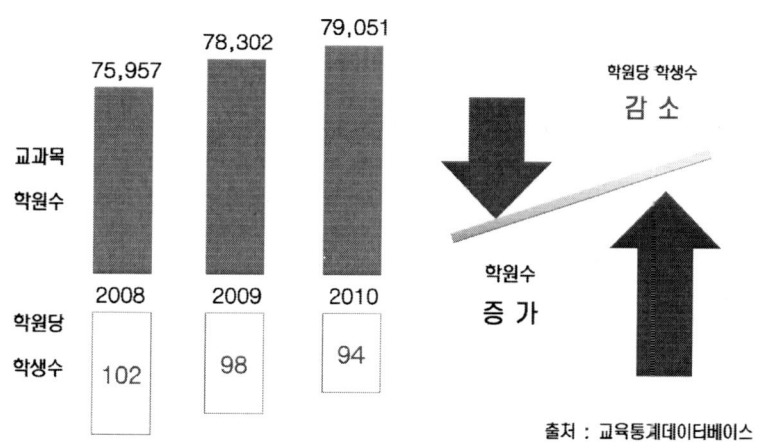

출처 : 교육통계데이터베이스

학원당 학생수가 줄고 있는 현상은 취학 인구의 감소 및 학원수 증가가 주원인으로 학원 운영에 매우 어려운 여건인 것이 사실입니다.

그럼에도 불구하고 원장님은 다양한 경쟁자 속에서 살아남아 지속적으로 성장해야만 합니다.

그래야만 원장님은 계속 '학원장님'으로 남을 수 있고 소중한 학생들과 함께 할 수 있습니다.

원장님의 학원이 지속적으로 성장하지 못한다면 원장님의 소중한 학생들은 결국 다른 학원으로 발길을 돌릴 것입니다.

아무리 어려운 상황에서도 군계일학처럼 성장하는 학원이 있습니다. 모두가 어렵다고 하는 최악의 상황에서도 지속적으로 성장하고 두각을 나타내는 학원이 있습니다.

이제는 원장님 차례입니다.

원장님은 매년 지속적으로 성장하는 학원을 만들어야만 합니다.

[그림2] 지속적으로 성장하는 학원의 실적

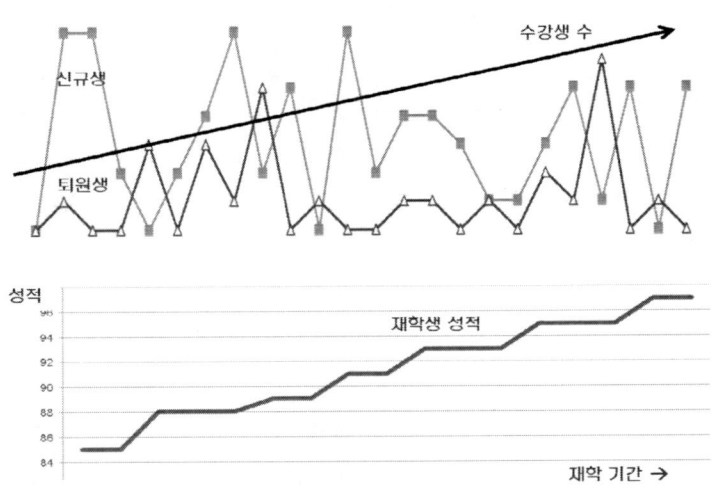

학원장은 교육 전문가

세상에 무슨 일이 생기면 그 분야의 전문가가 언론에 등장하여 해당 이슈에 대해 전문가로서 해박한 지식과 비유를 통해 일반 대중을 이해시키곤 합니다.

세상의 모든 분야에 전문가가 있듯 학습과 진학에 관해서도 많은 전문가가 있고 방송이나 신문에도 자주 등장합니다. 하지만 대부분의 학부모가 그런 전문가를 만나기란 쉽지 않습니다.

지속적으로 성장하는 학원을 만들기 위해서는 원장님이 학부모에게 자녀의 학습과 진학에 관해 쉽고 명확하게 설명할 수 있는 전문가가 되어야 합니다. 수학학원 원장님은 수학 전문가, 영어학원 원장님은 영어 전문가가 되어야 합니다.

일반적으로 학습에 대한 지식과 정보는 자녀의 성적과 상관관계가 높습니다. 과학고를 준비하는 자녀를 둔 학부모의 경우 평균적인 보습학원 원장님보다 더 많은 진학정보를 갖고 있는 경우도 있습니다.

그러나 중소 보습학원을 찾아와 상담하는 학부모의 정보와 지식은 과학고를 준비시키는 부모의 경우보다 상대적으로 낮은 수준일 가능성이 높습니다.

따라서 규모가 작은 보습학원장님의 경우 단기간의 노력으로도 학부모에게 전문가로 인식될 가능성이 높습니다.

학부모와의 대화 수준이 박사학위를 갖고 있어야만 하는 것이 아니기 때문에 단기간의 노력만으로도 학부모가 알고자 하는 교육정보를 충족시켜 줄 수 있습니다.

그러나 과학고 대비 학원에 비해 상대적으로 쉬울 뿐이지 학부모에게 전문가로 인정받기 위한 노력을 게을리 해서는 안 됩니다.

작은 학원이기에 가능한 학생 개개인에 대한 맞춤형 교육을 실시한다면 학부모에게는 더욱 좋은 전문가로 인정받을 수 있습니다.

스스로 정보를 수집해 분석하는 것은 쉬운 일이 아니며 원장님이 이 모두를 직접 할 필요도 없습니다. 일간지의 교육 섹션을 정독하고 학원운영관련 잡지와 학원운영 도서의 도움을 받아 전문가가 될 수 있습니다.

원장님이 경쟁 학원의 원장님에 비해 입학사정관제도, 특목고 입시, 서술형 시험 변화에 대해 더 쉽고 명확하게 전문가답게 설명할 수 있다면 학부모는 원장님을 전문가로 인정할 것이며 학원은 지속적으로 성장할 것입니다.

원장님이 교육 전문가가 되는 것만으로는 부족합니다. 교육을 통해 강사의 수준 역시 향상시켜야 합니다.

실제로 학부모와 대화하는 시간이 많은 강사의 수준이 학원장님과 차이가 많이 난다면 그 갭을 학원장님이 해결해야만 합니다.

그런 일이 반복될수록 학부모는 강사의 무능에 짜증이 나고 학원에 대한 신뢰도가 낮아질 가능성도 있습니다. 강사의 이직률이 높다는 점을 생각한다면 외부기관에 위탁교육을 시키는 것도 쉽지 않습니다.

결국 강사 교육은 학원장님이 지속적으로 실시해야 합니다. 회의시간을 활용해 강사들에게 최소한의 새로운 입시정책이나 트렌드 변화에 관한 교육을 시켜 강사들이 학부모와의 대화에 필요한 최소한의 지식을 갖출 수 있도록 해야 합니다.

그러나 학부모가 가장 좋아하는 전문가는 '우리 아이 전문가'입니다. 원장님이 언론에 잘 알려진 교육 전문가라도 우리 아이에 대해 알지 못하면 원론적인 이야기에 그칠 뿐입니다.

학습 이론 및 진학 정보에 대한 해박한 지식과 함께 학부모의 자녀에 대해서도 많은 정보와 대책을 갖고 있어야 합니다.

학생의 학습태도나 습관, 어떤 부분을 잘하고, 어떤 부분은 약한지, 학부모는 자녀를 위해 무엇을 어떻게 해야 하는지 등 자녀에 대한 모든 것을 아는 전문가가 진정 학부모가 원하는 전문가입니다.

언제가 도심의 고층건물이 알 수 없는 이유로 심하게 흔들리는 사건이 있었습니다. 다양한 분야의 전문가가 사고 원인을 설명했지만 그들의 의견은 제각각이었으며 누구도 문제를 완벽하게 해결하지는 못했습니다.

이처럼 어떤 문제에 대해서 전문가의 의견이 일치되지 않는 것은 전문가가 내 놓은 설명이 반드시 정답이 아닐 수도 있다는 뜻입니다.

원장님의 설명과 해석이 정답이 아닐지라도 전문가로서 답변을 할 수 있어야 합니다. 교육에는 정답이 없으며 교육 정책을 수립하는 정부 역시 다양한 방법을 시도하고 있으나 문제를 해결하지 못하고 있습니다.

따라서 학부모에게 논리적이고 합리적인 근거를 가지고 정보를 제공하고 분석하여 대책을 제시하는 것이 바로 학원 전문가로서 해야 할 일입니다.

원장님 스스로 전문가가 되고자 하는 마음을 갖고 끊임없이 정보를 수집하고 원장님의 것으로 만든다면 학부모에게 전문가로 충분히 인정받게 될 것입니다.

자격증과 학위보다 학부모에게 인정받는 원장님이야 말로 진정한 사교육 전문가입니다.

지속적으로 학원이 성장하기 위해서 원장님은 학원 전문가가 되어야 합니다.

원장님이 대답해야 하는 전문가적 의견 예시(영어, 수학분야)

▶ 영어 발음이 좋지 않습니다. 어떻게 해야 하나요?

▶ 아이의 영어 실력이 늘었는지 어떻게 확인해야 하나요?

▶ 영어 책을 읽히고 싶은데 어떤 책을 읽혀야 하나요?

▶ 어학연수를 보내고 싶은데 정말 도움이 될까요?

▶ 문장제 문제를 잘 풀지 못하는데 어떻게 해야 하나요?

▶ 학원 점수는 잘 나오는데 학교 시험은 오르지 않습니다.

▶ 수학 선행은 어느 정도 수준까지 할까요?

▶ NEAT는 무엇이며 어떻게 준비해야 하나요?

▶ 영어로 말은 잘하는데 점수가 안 나옵니다. 대책은?

▶ 영재교육원 3차 시험을 보는데 어떻게 준비해야 하나요?

▶ 수행평가에서 점수가 낮습니다. 어떻게 해야 하나요?

▶ 계산은 정확한데 속도가 너무 느립니다.

▶ 다 아는 문제인데 시험 보면 항상 실수를 합니다.

▶ 우리 아이가 어떻게 하면 공부에 욕심을 낼까요?

생활의 달인 VS 학원의 달인

SBS 인기 프로그램인 〈생활의 달인〉에는 다양한 분야의 전문가가 출현하여 놀라운 기술을 선보이며 '달인'으로 인정받습니다.

눈 감고도 칼질을 하고, 눈감고도 우편물을 원하는 곳으로 분류하고, 굴삭기로 농구를 하는 등 상상할 수 없는 기술을 선보이는 다양한 분야의 달인을 소개하는 장수 프로그램입니다.

그 프로그램에 출연한 사람들은 한 업무에서 오랫동안 일을 하다 보니 자연스럽게 달인이 됐다고들 합니다. 그러나 그들이 가장 오래 근무한 사람들이 아닌 경우도 많습니다.

더 오랫동안 근무했던 사람들이 옆에서 달인에게 박수를 치는 경우도 있습니다. 단순히 같은 일을 오랫동안 했다는 이유만으로 달인이 될 수 없다는 것을 보여줍니다.

학원가에서도 달인 즉 전문가 수준의 원장님과 강사들이 있습니다. 수학 점수를 확실하게 올려주는 원장님도 있고, 영어 말하기 대회에서 항상 상을 받게 도와주는 어학원 원장님도 있습니다. 신규 상담 오는 학부모는 거의 100% 등록시키는 놀라운 성공률을 기록하는 원장님도 있습니다.

성적 부진 반을 이끌면서 몇 달 안에 평균 수준으로 성적을 향상시키고, 각종 경시대회에서 우수한 성적을 기록한 학원은 많은 이들의 입을 통해 알려지기도 합니다. 그런 학원에는 수강생들이 줄을 지어 입학하려고 합니다.

그러나 어떤 일을 오래한다고 해서 저절로 전문가가 되지 않습니다.

10년 넘는 경력자 중에도 상담을 하고 수업을 해도 상담 성공률이 절반을 넘지 못하고 중간 정도의 학생도 성적부진으로 퇴원생으로 만드는 사례도 어렵지 않게 찾을 수 있습니다.

주위를 돌아보시면 10년 넘은 경력의 원장님과 강사 중에 전문가로 인정할 수 있다고 생각되는 원장님과 강사의 수는 그리 많지 않을 것입니다. 원생수가 많다고 전문가가 될 수는 없습니다.

'아직 나는 전문가가 아니다. 아직은 전문가가 아니기 때문에 내가 정답이 아닐 수도 있다'는 것을 생각하고 계속 공부를 하는 원장님이 전문가입니다.

오랜 경력이 실력인양 오도되는 경우도 적지 않습니다. 일부 학원 강사의 경우 5년 이상만 되면 마치 전문가인양 행세하는 경우를 쉽게 볼 수 있습니다. 새로운 방식을 시도하는 원장님의 지시에 형식적으로 대응하고 기존의 방식으로 되돌아가려고 합니다.

이 과정이 반복되면 강사는 손에 익은 방식으로 아이들을 가르치고 원장님은 새로운 시도를 하지 못한 채 주저앉게 됩니다.

이런 학원이 성공할 가능성이 높을까요?

주방에서 요리를 5년 했다고 해서 모두가 요리의 달인이 아닌 것처럼 몇 년간 강의했다고 영어의 달인, 수학의 달인이 되는 것은 아닙니다.

수년간 7~80점대 학생들 중심의 강의만 해왔던 강사에게 학원에서 가장 높은 반을 맡기면 강사가 어려운 문제를 설명하지 못하는 경우도 있으며 학생들의 퇴원의 원인이 되기도 합니다. 그 강사는 단지 중위권 학생 대상의 학원 수업에 익숙해져 그 이상의 수업은 불가능한 강사가 되어버린 것입니다.

영어 강사 중에는 특정 프랜차이즈 학원만 옮겨 다니는 경우가 있습니다. 그런 강사는 교육 프로그램의 학습효과가 너무 좋아서 그렇다고 말하지만 사실은 그 프로그램에 익숙해져 있기 때문입니다.

새로운 시도를 하지 않아도 되고 프로그램에 대해 익숙하기 때문에 학원에서도 전문가 대접을 받을 수 있다고 판단했기 때문입니다.

그러나 특정한 영어 프랜차이즈 프로그램으로만 5년 넘게 영어를 강의했다고 해서 영어 전문가가 될 수는 없습니다.

학원에 새로운 프랜차이즈가 도입돼 기존 방식을 전혀 사용할 수 없는 상황에서는 기존 프랜차이즈 회사의 교사용 교재만으로 강의했던 강사는 새로운 교사용 교재에만 의존할 수밖에 없습니다.

반면 다양한 프랜차이즈를 경험하고 다양한 강의 방법을 시도하고 노력해온 강사는 학원의 프랜차이즈가 변경되어도 어렵지 않게 대응할 수 있게 됩니다.

그들이 바로 '강의의 달인'이 될 자격이 있습니다.

프랜차이즈를 변경하면 어제까지 정답이었던 것이 오늘은 오답이 될 수도 있습니다. 지금 학원에서 사용하는 프랜차이즈를 영원히 사용할 수는 없습니다. 따라서 항상 새로운 방법을 찾고 새로운 시도를 해야 합니다.

아주 작은 변화가 큰 결과의 차이를 가져올 수도 있습니다.

강사들에게 변화를 요구하십시오.

그리고 그 이전에 원장님 스스로 달인이 되십시오.

원장님이 변해야 학원이 성장합니다.

2002년 월드컵을 위해 히딩크 감독이 오기 전에는 우리나라 축구 대표 팀 감독은 거의 국내파 감독이었습니다. 국가대표 감독으로 새로 선정된 감독들이 강조한 것은 '정신력 강화'였습니다.

과연 정신력만으로 세계수준의 경기력을 보여줄 수 있을까요? 우리나라보다 FIFA 랭킹이 낮은 나라는 모두 정신력이 부족한 나라였을까요?

히딩크 감독을 통한 변화로 인해 국가대표 축구팀이 월드컵에서 좋은 성적을 거두면서 국내 프로팀 감독 중에도 외국인 감독이 연이어 등장하고 있습니다.

시스템의 변화 없이 단지 열심히 연습하는 것만으로는 세계와의 격차를 해소할 수 없다는 사실을 알았기 때문입니다.

어떤 학원을 방문하면 원장님을 만나기 힘든 경우가 있습니다. 원장님이 학원에 없는 경우도 있습니다. 여러 가지 일을 처리하기 위해 바쁘게 일하느라 그런 사태가 벌어지지만 원장님이 있어야 할 곳은 학원입니다.

차량관리 및 운행을 직접 하는 경우도 있고, 하루 종일 원장실이나 상담실에만 있는 경우도 있고, 심지어 하루 종일 강의만 하시는 원장님도 있습니다. 아주 급할 때 차량도 운행할 수 있고 강의도 할 수 있지만 원장님은 원장님의 역할을 해야만 합니다.

원장님의 고유 업무가 아닌 다른 아닌 일에 에너지를 뺏기게 되면 더 중요한 곳에 써야할 에너지 부족으로 학원은 더욱 힘들어지게 됩니다.

특히, 학원의 모든 일을 혼자서 고민하고 결정하는 스타일의 원장님이 그렇게 될 가능성이 더욱 높습니다. 물론 모든 결정의 책임은 원장님이 지는 것은 당연한 것이지만 그 과정에 강사를 참여시키고 함께 추진한다면 성공 가능성은 그만큼 높아질 것입니다.

크리스마스 파티를 준비할 때도 혼자서 거의 모든 것을 준비하는 원장님이 있습니다. 원장님은 슈퍼맨이 아닙니다. 완벽하지도 않고 슈퍼영웅처럼 모든 면에서 능력이 있는 것도 아닙니다.

개원 초기에는 모든 것을 혼자 할 수도 있겠지만 오랫동안 모든 것을 혼자서 할 수 없습니다. 강사들과 함께 고민하고 함께 행동해야만 학원이 활성화됩니다.

정신력만으로 세계 수준의 축구팀과 세계 수준의 상품을 만들 수 없듯이 원장님의 정신력만으로 지속적으로 성장하는 학원을 만들 수 없습니다. 강사들과 함께 해야만 모든 노력이 결실을 맺을 수 있습니다.

매년 성장하는 학원을 만들 목표를 가지고 계신 원장님이라면 지금 당장 하고 있는 일의 절반을 강사들에게 위임하시고 학부모와 학생을 위하여 발전적인 일을 시작하십시오.

그러면 목표가 현실이 되는 날이 멀지 않을 것입니다.

고객과 가까이 있는
장점을 활용하십시오.

　심장이식 수술을 해야 하는 환자는 대형병원을 찾지만 감기처럼 간단한 질병이면 아파트 근처의 가깝고 나름대로 명성 있는 병원을 찾게 됩니다.

　감기 때문에 대형병원에 가는 것은 시간도 많이 걸리고 비용도 많이 드는 등 비효율적이라 생각되기 때문에 동네 병원은 감기환자로 넘치게 됩니다.

　동네 병원은 규모도 작고 의사 수도 적지만 의사에게 이것저것 궁금한 것을 다 물어볼 수도 있고 조금만 기다려도 바로 진료를 받을 수 있기에 동네 주민들이 많이 이용합니다.

　동네 병원에 다녀도 낫지 않거나 위험한 수술이라도 해야 할 상황이라 판단되면 환자는 멀리 있는 병원을 찾게 됩니다. 오래 기다려야 하고 불편한 점이 많아도 대형병원을 찾게 되는 것입니다.

　학원도 마찬가지입니다. 대학입시를 직전에 둔 학생에게 거리와 비용은 문제가 되지 않습니다. 지방에 있는 학생이 방학을 맞아 서울 대치동까지 원정을 가기도 갑니다. 그들은 본인의 부족한 영역을 강화시키기 위해 어디든지 갈 수 있습니다.

그러나 아직 시간적 여유가 많은 초등학생이나 중학생은 자연스럽게 집과 가까운 학원부터 찾게 됩니다. 가까운 곳에 괜찮은 학원이 없다면 그 때 멀리 있는 학원을 찾게 됩니다.

소비자와 가까이 있다는 점은 최고의 장점이 될 수 있습니다. 24시간 편의점이 비싼 상품가격에도 불구하고 경쟁력을 확보하고 있는 것은 시간과 거리의 편리성을 극대화했기 때문입니다.

마찬가지로 동네 학원도 고객과 가까이 있다는 강력한 장점이 있습니다. 학부모와 가장 가까이 있는 거리의 편리성을 기반으로 실력 있는 학원을 만든다면 멀리 있는 대형 학원과의 경쟁에서도 충분히 이길 수 있습니다.

가까운 동네학원에서 자녀의 성적을 올릴 수 있다면 시간과 비용을 더 쓰면서까지 멀리 있는 대형학원으로 가는 경우는 거의 없을 것입니다.

영어는 원장님 학원에서 배우고 수학은 멀리 있는 학원에 다니는 학생이 있다면 원장님 학원은 수학이 약한 학원입니다. 그런 학생들이 한 두 명이 아니라면 원장님은 학부모의 생각을 바꾸기 위해 수학부분의 문제점을 찾아 경쟁력을 확보해야만 합니다.

고객과 가까이 있다는 지리적인 이점이 가장 강력한 경쟁력이 될 수 있음을 인지하시고 이를 어떻게 활용할 것인가를 고민하셔야 합니다.

[그림3] 학원의 경쟁력 구성 요인과 분석의 예

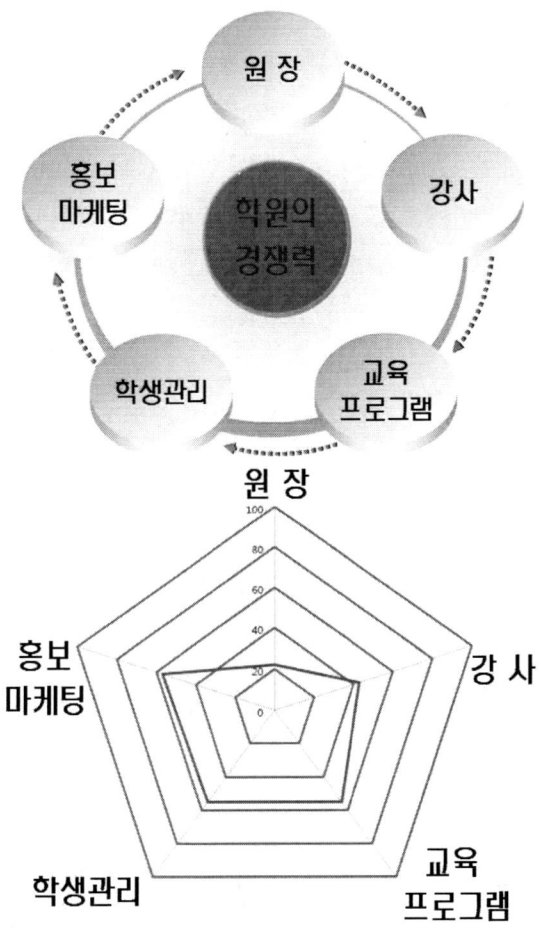

역시 해외파야!

지난 남아프리카 공화국에서 열린 월드컵에서 우리나라 축구 대표 팀은 원정사상 처음으로 16강에 오르는 성적을 기록했습니다.

경기에서 골을 넣은 선수들을 살펴보면 골을 넣은 선수 모두 해외파 선수였습니다.

국내외 언론은 '역시 해외파야' 라고 해외파 선수들의 선전을 크게 보도했습니다. 물론 골을 넣지 못한 국내파 선수들도 좋은 평가를 받았지만 골은 해외파 선수들의 몫이었습니다.

어렵기로 소문난 A초등학교 수학경시대회는 학년별 입상자가 단 3명에 불과합니다. 이 경우 금상, 은상, 동상 수상자를 배출한 수학학원은 그 지역에서 가장 실력 있는 수학학원이 됩니다.

매년 12월이 되면 교육청 영재교육원 입시가 시작됩니다. 학교 자체적으로 1차 시험을 치르고 학생들을 선발하여 교육청 주관의 2,3차 시험을 치르게 됩니다.

학교 주도로 치러지는 시험 역시 지원자 중심으로 보기도 하지만 많은 학교에서 1학기 중간, 기말, 2학기 중간고사 성적을 합산하여 소수 인원을 선발하고 시험을 치릅니다.

이때에도 원장님 학원의 학생이 포함된다면 학부모 사이에 소문은 빠

르게 퍼집니다. '역시 그 학원 출신이야'

학교의 영어 말하기 대회 수상자가 다니는 학원은 '잘 가르치는 영어 학원'이라는 평가를 받습니다. 특히 대형 어학원 출신 학생보다 높은 등수를 기록한다면 그 평가의 파급효과는 더욱 커지게 될 것입니다.

월드컵에서 골을 넣은 선수는 '역시 해외파'인 것처럼 시험에서 좋은 성적을 기록한 학생은 역시 원장님 학원생이 되어야 합니다.

학원에 대한 평가는 학생이 학원내 시험성적도 중요하지만 가장 중요한 평가는 학교에서 치르는 시험의 결과입니다. 학교 성적이 좋으면 다른 불만사항은 모두 용서가 됩니다. 성적이 나쁘면 다른 것은 다 좋아도 만족할 수 없습니다. 이것이 학부모의 마음입니다.

또한 학원에 대한 평가는 학생이 학원을 그만 둔 뒤에도 이루어집니다. 학원에 대한 정보가 많고 주도적인 몇몇 학부모가 이끄는 대로 대형 학원으로 단체 이동하는 경우가 종종 있습니다.

이때는 어느 학원 출신의 학생이 높은 반에 배정받았는지 학부모 사이에서는 이슈가 됩니다. 아이들 수준과는 상관없이 어느 학원 출신 학생이 높은 반에 배정됐는가에 따라 그동안 자녀들이 기존에 다니던 학원을 재평가하게 되는 것입니다.

높은 반에 배정받은 학생의 학부모는 학부모 사이에서 파워를 갖게 되며 그동안 다니던 학원에 대해 호평을 하고 '그 학원 정말 좋아'라며 동생들은 그 학원에 먼저 보내라고 강력하게 추천하게 됩니다.

반면 상대적으로 낮은 반에 배정된 학생의 학부모는 '그 학원에서 도대체 뭘 가르친 거야'며 기존에 다니던 학원에 대해 악담을 하게 될 것입니다. 그것이 인지상정입니다.

학원은 차별화된 결과를 보여주어야 합니다.

수학학원은 시험 점수가 필요하고 영어학원은 학생들의 영어 말하기 능력과 인증시험 점수가 필요합니다.

학부모들은 어떤 교재를 사용하는가에 관심이 있는가가 아니라 성적이 올랐는가, 영어 말하기가 정말 되는가에 관심이 있을 뿐입니다.

학원에서 자랑할 만한 성적을 기록한 학생이 있다면 적극적으로 알려야 합니다. 사소한 것이라도 학부모에게 학생들의 실적을 보여줘야 합니다.

학원이 알려주지 않아도 학부모가 그 실적을 알겠거니 하는 생각은 안 됩니다. 원장님이 적극적으로 학원의 실적과 우수성을 알려야만 합니다.

원장님의 학원이 소위 파워를 가진 학부모의 수첩에 '좋은 학원' 리스트에 오르는 그 날까지 노력해야 합니다.

패배의 책임은 감독에게,
학생 성적은 원장님에게

한국이 처음 원정 16강에 오른 남아프리카공화국에서 개최된 월드컵에서 한국은 그리스를 맞아 첫 승을 기록했습니다.

승리를 기록한 우리 국가대표 팀에서는 박지성 선수와 허정무 감독이 승리의 인터뷰를 전 세계 언론과 함께 했습니다.

반면 우리나라에게 패배한 그리스의 경우 패배의 모든 책임이 감독에게 집중되었습니다. 그리스 언론은 감독의 전략부재와 선수기용 실패 등을 내세우며 감독에게 패배의 책임을 물었습니다.

두 팀 모두 23명의 선수와 감독이 게임에 참여했고 11명의 선수가 그라운드에서 직접 게임을 했지만 승리의 몫은 선수와 감독이 나눈 반면 패배한 팀은 감독에게만 비난의 화살이 집중됐습니다.

패배한 팀의 감독 역시 최선의 전략과 최고의 컨디션을 가진 선수를 출전시켰지만 패배의 책임은 온전히 감독의 몫이었습니다.

게임에서 졌을 때 인터뷰에 응하는 감독의 유형은 대게 두 가지 경우로 나눌 수 있습니다. 첫째 유형은 모든 것이 전략의 문제였고 자신에게 책임이 있다고 하는 감독이며, 둘째 유형은 선수들이 자신의 전략을 이해하지 못했다고 선수에게 책임을 전가하는 감독이 있습니다.

학원 원장님도 축구대표 감독과 똑같습니다. 학생이 시험을 잘 보면 학생과 학원 모두가 칭찬을 받지만, 학생이 시험을 못 보면 학원이 가장 큰 책임을 지는 것이 당연합니다. 학원에 다니는 학생의 성적에 대한 가장 큰 책임은 원장님에게 있습니다.

학원은 학생들의 성적을 올려 주겠다는 약속을 하고 학부모로부터 수강료를 받기 때문입니다.

수강료가 없는 봉사활동이라면 학원이 책임질 일은 없습니다. 적지 않은 수강료를 받으면서 시험 성적이 오르지 않는 학생, 단어를 못 외우는 학생, 영어 읽기를 제대로 못하는 학생이 있다면 무조건 선생님과 학원의 잘못이라고 생각해야 합니다. 학생들이 숙제를 제대로 해 오지 않는 것도 선생님과 학원의 잘못이라 생각해야 개선책이 나옵니다.

만약 성적향상에 대한 모든 책임이 학생에게 있다면 학원과 선생님은 필요 없는 존재가 됩니다. 성적하락의 책임이 학생에게 있다면 성적 향상도 학생이 잘한 것일 뿐입니다.

지난 남아공 월드컵 대회에서 우리나라 국가대표 축구팀은 아르헨티나와의 경기에서 4-1로 패배했습니다. 경기를 마치고 난 직후 대표팀 감독은 "후반전 교체 투입된 선수가 골을 넣었으면 결과가 달랐을 것이다."며 생방송 인터뷰를 했습니다. 전 경기에서 잘한 A 선수 대신 부진한 다른 선수를 넣은 이유에 대해 "A 선수가 이전 경기에서 못했기 때문이다."고 했고 이 인터뷰는 생방송으로 전국에 중계되었습니다.

수강생인 홍길동이 성적이 지난달보다 떨어졌습니다. 그 원인에 대해 담임선생님이 "길동이 숙제를 잘 해오고 지난 주말 보충에 나왔다면 결과가 달라졌을 것입니다. 길동이가 공부를 열심히 하지 않았습니다. 그래서 성적이 나오지 않습니다."라고 한다면 학부모는 어떤 반응을 보일

까요?

아르헨티나와의 패전 이후의 인터뷰로 인해 감독에 대한 비난이 극에 달한 것처럼 학원과 선생님에 대한 비난은 극에 달할 것이고 너무나 당연하게 학원을 그만 둘 것입니다.

A 선수가 그리스 전에서 잘 못했다면 게임 중간에 더 적합한 선수를 기용했어야 하며, 오른쪽에서 공격을 더 잘하는 선수를 기용하지 못한 감독이 문제인 것입니다.

게임에서 진 것 때문에 화난 국민들은 그 책임을 선수에게 돌리는 감독을 더욱 더 비난했습니다. 그리스 전의 승리로 히딩크에 버금가는 명감독으로 칭송 받던 감독이 일주일 사이에 선수 탓을 하는 3류 감독으로 추락한 것입니다.

게임에 지고 난 뒤 선수 탓이 아닌 감독의 전략이 패배의 원인이었다고 인정했다면 비난의 강도는 훨씬 약했을 것입니다.

학원은 항상 시험 성적으로 스트레스를 받게 됩니다. 원장님은 학생만큼이나 힘들어 합니다. 성적은 오를 때도 있고 떨어질 때도 있습니다.

그러나 승리의 주역은 학생이며 패배의 주역은 학원일 뿐입니다.

성적이 오른 학생이 승리의 인터뷰를 하는 것을 질투해서는 안 되며 성적이 떨어진 학생에게 패배의 책임을 전가해서도 안 됩니다.

성적이 오르면 학생이 더 열심히 노력한 것이고, 성적이 하락하면 학원 스스로 낮은 자세가 되어 패배의 책임을 인정하고 다음 시험의 대책을 세우고 학부모에게 그 대책을 설명해야만 합니다.

그래야만 학부모는 학원에게 다시 기회를 줄 것입니다.

학원의 서비스 VS
자동차 정비소 서비스

　어느 여름 휴가지에서 갑작스런 고장으로 인해 정비소에서 차량을 수리를 한 적이 있습니다. 수리는 잘 되었지만 더운 날씨로 인해 엔진에 열이 발생하여 혹시나 하는 마음으로 그 정비소에 전화를 했습니다, 그 정비소의 대답은 '물론 입니다. 언제든 다시 오십시오.'였습니다.

　정비소에 도착했을 때 정비소 문은 닫혀 있었지만 곧 정비소 실장이 도착해 차량을 재점검 했습니다. 친절한 성명을 겸한 점검을 받았던 그 날이 그 정비소의 정기휴일이었다는 것을 알게 됐습니다.

　그 정비소 실장은 휴일임에도 불구하고 전날 고친 자동차에 문제가 있는 것 같다는 고객의 연락을 받고 달려온 것입니다.

　단골 고객도 아니고 타지방의 운전자라 언제 다시 그곳을 찾을지 알 수 없는 상황에서도 그 정비소 실장은 마치 단골손님을 대하듯 했습니다.

　숙소로 돌아오면서 학원의 서비스를 생각해 보았습니다. 학부모가 자녀의 성적으로 올려 달라고 부탁하고 수강료를 냈습니다.

　그런데 몇 달 후에도 성적이 오르지 않자 학부모는 학원에 전화를 겁니다. '성적이 오르지 않는다. 어디에 문제가 있는 것인가?' 학원은 대

답합니다, '어머니 성적은 쉽게 오르지 않습니다, 더욱 노력하겠습니다.'

혹시라도 그런 학원이 아닌가 생각해 보아야 합니다.

성적이 오르지 않는 것은 '자녀가 숙제를 안 해서, 집중을 안 해서, 수업시간에 말을 안 들어서 오르지 않습니다.'라는 핑계를 댄다면 그런 학원은 지속적으로 성장할 수 없습니다.

자동차 수리 후 같은 곳이 곧바로 문제가 발생했을 때 대부분의 정비소는 별도의 비용 없이 고장 난 부분을 점검해 줍니다. 그러면서도 거듭 죄송하다는 표현을 합니다.

학원에 등록한 학생의 성적은 무한책임을 지겠다는 생각이 필요합니다. 몇 달 다니지도 않았는데 벌써 성적 얘기를 한다고 학부모를 탓해서는 안 됩니다.

학생의 성적을 올리는 것이 학원의 존재 이유이기 때문입니다. 학생들이 즐겁게 학원을 다니면서 성적과 실력이 향상되는 학원이 진정 학부모가 원하는 학원입니다.

학부모의 요구사항을 알면서도 학생의 성적을 올리지 못했다면 미안한 마음을 가져야 합니다. 그 미안한 마음으로 학부모와의 약속을 지키기 위해 노력해야만 학부모의 신뢰를 얻을 수 있습니다.

자동차가 고장 나 정비소를 찾았는데 그 곳은 정비사가 시간당 비용을 받는 곳입니다. 직원은 정말 열심히 정비를 했지만 차를 고치지 못했습니다.

원장님이 자동차 주인이라면 정비공의 열정을 믿고 돈을 시간마다 계속 지불하면서 기다리겠습니까? 아니면 다른 정비소로 향할 것입니까?

학원을 찾는 학부모도 원장님과 같은 생각입니다.

고객은 항상 옳습니다.

세계 최대의 기업의 하나인 월마트(Wal-Mart)에는 무엇보다 중요한 두 가지 기본 원칙이 있습니다.

첫째, 고객은 항상 옳다.
둘째, 고객이 틀리다고 생각되면 첫 번째 원칙을 다시 보라.

시골 소매점으로 출발한 이 회사는 고객감동의 경영 철학으로 세계 최대의 기업으로 성장했습니다.

월마트의 원칙이 아니더라도 고객은 항상 옳습니다. 너무나 당연하게 생각되는 원칙이지만, 제대로 지켜지는 경우는 그리 많지 않습니다.

학원이 제공하는 교육 서비스의 가치 판단 기준을 정하는 사람은 판매자가 아니라 고객입니다. 이 정도면 충분히 친절하고 잘 설명했다 해도 고객인 학생과 학부모가 아니라고 하면 아닌 것입니다.

학생들은 흔히 '가르쳐주지도 않고 문제만 풀라고 한다.'고 합니다. 무슨 내용을 물어보면 '안 배웠는데요.'라고 답을 하곤 합니다.

그것은 학생 탓이 아니라 학원에서 학생들이 자신 있게 알 수 있을 정도로 가르치지 못한 것입니다. 선생님들은 몇 번도 넘게 가르쳤다고 하지만 제대로 가르치지 못했기 때문에 학생들이 모르는 것입니다.

학생들은 중학교에 가기 전부터 인칭대명사를 수십 번 배웁니다. 최대공약수를 활용한 문제도 지겨울 정도로 풉니다. 그래도 틀리고 처음 들어본 표정을 짓는 것도 너무나 일상적입니다. 한번 배워서 다 안다면 그들은 이미 초등학교때 영어를 마스터하고 학원을 그만 둘 것입니다.

모르는 것이 너무나 많은 학생에게 다양한 방법으로 설명해 그들이 알게 하는 것이 학원의 역할입니다.

많은 학원들이 성적향상을 약속하며 신입생을 받지만 그렇게 입학한 학원생들 중 상당수는 성적부진 및 성적향상 부족으로 인해 학원을 그만두게 됩니다.

혹시나 원장님은 성적부진과 성적하락의 책임을 학생과 학부모에 돌리지는 않았는지 생각해 보십시오. 간혹 어떤 학부모는 과도한 요구와 성적향상을 요구하기도 하지만 학부모에겐 그럴 권리가 있습니다.

학부모의 모든 요청사항을 100% 들어줄 수는 없지만 학부모의 의견은 최대한 반영되어야 합니다. 너무 과도한 요구사항이라도 학부모에게 원장님이 최선을 다하고 있음을 알 수 있도록 해야 합니다.

통증을 호소하는 환자의 통증을 없애거나 줄이는 병원은 좋은 병원이고, 통증의 원인도 찾지 못하고 시간만 보내다 병을 키우는 병원은 나쁜 병원입니다.

병을 치료하지 못한 의사가 자신이 옳은 진단과 처방을 내렸는지 점검하지 않은 채 병이 낫지 않는 원인을 환자에게 돌릴 수 없습니다.

마찬가지로 성적이 떨어진 학생의 성적을 올리지 못하는 학원은 좋은 학원이 될 수 없습니다. 성적이 오르지 않는 원인을 찾고 대책을 찾아 학생의 성적을 올려야 하는 것이 학원의 역할입니다.

그것이 바로 학원의 존재 이유입니다.
그것을 할 수 없다면 학원과 강사는 존재의 의미가 없게 됩니다.

　고객의 기대를 넘어서라. 만약 그렇게 할 수만 있다면 고객들은 계속해서 다시 올 것이다.
　고객이 원하는 것을 주라. 가능하면 그 이상을 주도록 하라. 당신이 고객에게 감사하고 있다는 사실을 그들에게 알게 하라. 당신의 잘못에 대해서는 무조건 보상하라. 변명하려 들지 말고 사과하라.
　- 월마트 창업자 샘 월튼 자서전 中

불평하는 학부모에게
감사해야 합니다.

    TOSEL 시험을 정규 수업의 일환으로 실시한 적이 있었습니다. 방학 특강으로 하면서 특강비를 받는 학원도 있는 상황에서 별도의 추가 부담을 주지 않고 시험 준비를 하면 학부모님들 대부분이 좋아할 줄 알았습니다.

    물론 좋아하는 학부모들도 많았지만 불만을 제기하는 학부모도 적지 않았습니다. 영어만큼은 시험에 대한 스트레스를 받지 않고 즐겁게 배웠으면 한다는 의견이었습니다.

    불만을 제기하신 학부모와 상담을 마치고 난 직후에는 이해가 가지 않았지만 다시 한 번 생각해보니 그분들이 원하는 서비스가 아님을 알게 됐습니다.

    학원이 제공하는 서비스가 최고의 질과 성과를 낼 수 있는 서비스할지라도 고객이 필요로 하는 서비스가 아니라면 그것은 좋은 서비스가 될 수 없습니다. 고객이 원하는 서비스가 진정 좋은 서비스가 될 수 있습니다.

    학원의 고객인 학부모와 학생이 '우리 선생님 좋다'면 좋은 선생님이고, 학부모가 '우리 학원 좋다'면 좋은 학원이 되는 것입니다.

'영어에 스트레스 받지 않았으면 좋겠어요.', '단어시험을 줄였으면 좋겠어요.', '수학에 흥미만 잃지 않았으면 좋겠어요.', '심화문제를 풀 수 있으면 좋겠어요.' 등 이율배반적인 학부모들의 말도 무조건 옳은 것입니다.

학부모들의 요구에 원장님이 해야 할 행동에 대한 답이 있으며 학부모의 요구사항을 실천하기 위해 노력해야 합니다. 학원은 학부모의 그런 이율배반적인 요구까지 받아들이면서 성적을 올려야 합니다.

학생을 가르치는 학원 입장에서는 80점이 그리 나쁜 점수가 아니라 할지라도 학부모의 기대에 미치지 못하면 부족한 것입니다. 학원의 기준이 아니라 학부모의 관점에서 학생을 바라보고 문제점을 찾아야 합니다.

물건을 파는 사람이 아니라 사는 사람이 좋다고 하는 상품이 좋은 상품입니다. 현실에서도 가장 좋은 학원에 학생이 등록하는 것이 아니라 많은 학생이 등록하는 학원이 가장 좋은 학원입니다.

원장님 스스로만 '우리 학원은 좋은 학원이다'고 평가한다면 그것은 허상이며 자만일 뿐입니다. 고객들은 불만을 느끼면 어떤 형식이든 그것을 표현하게 됩니다. 고객 스스로 결정하고 구입한 상품과 서비스에 불만을 느끼면 화를 내고 불평하는 게 당연합니다.

그러나 학원에게 불만을 가진 학부모의 상당수는 아무 말 없이 학원을 떠납니다. 떠나지 않고 학원에게 불만을 제기하는 학부모는 학원에게 다시 한 번 기회를 주는 소중한 고객입니다.

아무 연락 없이 학원을 그만 두는 학부모를 통해서 학원은 아무것도 개선할 수 없습니다. 오히려 항의전화를 하는 학부모를 통해 학원은 개선할 수 있는 기회를 갖게 되니 그들에게 감사해야 합니다.

원장님은 불평하는 고객에게 진정으로 감사한 마음을 가져야 합니다. 학원의 개선점을 지적해주는 정말 고마운 고객이기 때문입니다.

서비스에 불만을 품은 고객의 90%는 그 불만을 회사나 상점에 바로 말하지 않는다. 서비스에 불만을 품은 고객은 9~10명의 주위 사람들에게 불만족 내용을 얘기한다고 한다. 누군가에게 투덜거리기도 하며 악담을 늘어놓기도 한다.

따라서 고객의 불만이 오해에 의해 발생된 것이라면 오해를 풀어야 하며, 실제로 문제가 있는 것이라면 사과하고 성심 성의껏 불만을 해소해야만 한다. 고객의 불만이나 불평은 우리에게는 무엇과도 바꿀 수 없는 값진 것이다.

- 불평하는 고객이 초일류를 만든다. 中

나를 버리다 - 박지성

　사극에 나오는 영웅은 '나를 따르라'며 병사들을 독려하며 적진으로 돌격하여 전투를 승리로 마무리합니다.

　그런데 한국 축구의 영웅 박지성 선수는 그의 자서전에서 '나를 따르라'가 아니라 '나를 버리다'라고 얘기합니다. 세계적인 명문 구단인 맨체스터 유나이티드의 주전 공격수인 박지성 선수가 '나를 따르라' 외치며 이상한 곳으로 가더라도 누가 뭐라 꼬투리를 잡을 수도 있겠습니까?

　그는 이미 영웅이고 전설적인 인물이기 때문에 그가 이끄는 길은 험난한 길일지라도 많은 이들이 기쁘게 따를 것입니다.

　그런데도 그는 '나를 따르라'가 아니라 '나를 버리다'입니다.

　경기에 이기기 위해서 나의 장점을 십분 발휘하겠다는 것이 아니라 경기에 이기기 위해서는 나의 장점을 포기하더라도 팀의 승리를 위해 노력하겠다는 뜻이 여기에 있습니다.

　나의 장점을 살려서 내가 이기겠다는 생각이 아니라 내 장점을 포기하더라도 팀의 승리를 위해 노력하겠다는 것입니다. 역시 거인만이 할 수 있는 힘이 실린 말입니다.

　오래된 강사 중에는 '나만 따르라', '내가 최고다'라는 식으로 자기만의 방법으로 수업을 하는 경우가 있습니다. 원장님이 지시를 해도 잘 듣지 않거나, 원장님의 지시와는 반대방향으로 움직이고 심지어는 새로 들어온 강사들에게 자신의 방법을 사용하도록 강요하기도 합니다.

이런 강사들은 대게 수업시간에는 학생들이 농담 한 마디도 할 수 없으며 질문도 제대로 할 수 없는 수업 분위기를 유지합니다. 엄청난 과제를 주고 과제를 못하면 밤늦게까지 남아서 해야 합니다. 다른 학원을 마치고 다시 학원에 와서 늦게 까지 다시 보충을 하기도 합니다.

이런 강사 대부분이 열정적이고 학생과 학부모 마니아를 갖고 있는 경우가 많습니다. 그러나 '나를 따르라' 식의 이 같은 강행군은 학원에 마이너스인 경우도 적지 않습니다.

물론 단기간에 성과를 내야하는 입시를 직전에 둔 과정이라면 어느 정도 효과를 나타낼 수도 있지만 매번 이런 식이라면 지속적인 성장은 불가능합니다. 마라톤에 비유할 수 있는 성적향상 과정을 시종일관 100M 경주를 하듯 전력질주를 할 수 는 없습니다.

강사들이 갖고 있는 '나만의 비법, 나만의 교육 방법, 나만의 철학'이 항상 옳은 것만은 아니고 항상 합리적인 것도 아닙니다. 처음 학원 강사를 시작하는 초보강사의 비법이 진짜 비법일 수도 있으며 그 강사의 철학이 더 합리적이고 사리에 맞을 수도 있습니다.

이는 원장님에도 그대로 적용됩니다. 특히 다른 학원의 원장님들과 교류가 별로 없거나 다른 원장님의 조언을 듣지 않고 본인의 철학대로만 운영하다 어려움을 겪는 사례가 적지 않습니다. 자기 스스로 울타리를 치고 스스로의 것만으로 경쟁에서 살아남기는 한계가 있습니다.

전문가의 전문서적과 세미나 참석 및 주위의 조언을 접하여 그들의 비법을 내 것으로 만들어야 합니다.

학원강사를 위한 강의법을 강의하는 사이트도 있습니다. 원장님을 위한 세미나와 새로운 학습 기법에 대해 무료로 설명회를 개최하는 교육 기업도 다수 있으며 〈훈장마을〉 사이트에서도 다양한 정보를 얻을 수 있습니다.

많은 학원장님과 강사들은 열심히 노력하지만 그들 모두가 최고 수준에 도달하지는 못하며 누가 최고인지 알기도 쉽지 않습니다.

그러나 최고 수준에 근접한 전문가의 글과 운영 수준을 보고 그 수준에 가깝게 가려는 노력이 중요합니다. 그런 노력이 쌓일수록 원장님과 강사는 최고에 더 가까워 질것입니다.

그렇게 최고에 가까워지면 '나를 따르라' 대신에 '나를 버리다'를 원장님이 외칠 수도 있습니다.

[그림4] 학원 관리 프로그램 [맹모삼천] 화면

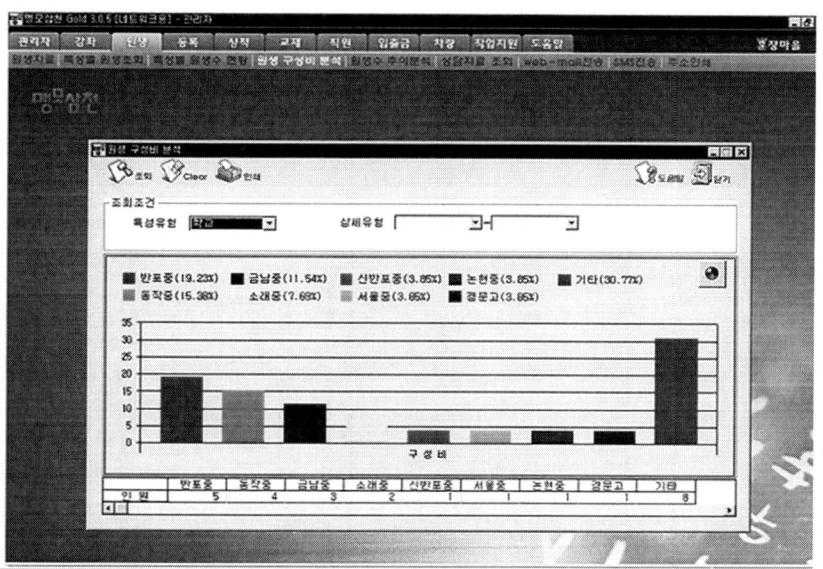

학교와 학원의 수준별 학습

학원에서 보편적으로 이루어지던 영어와 수학의 수준별 학습이 공교육에 도입되어 전국으로 확대되고 있습니다.

학교의 수준별 학습 도입은 학교 내 경쟁 분위기를 강화한다는 측면에서는 학원에 플러스 요인으로 인식되고 있습니다. 그동안 학교가 너무 경쟁적 요소를 배제하고 변별력 없는 시험문제를 출제했던 것을 생각해본다면 학원에게는 좋은 변화입니다.

그런 판단은 학원 전체의 기준일 뿐이며 실제 개별학원 기준으로 살펴보면 득실을 쉽게 따질 수는 없습니다.

학부모 입장이라면 당연히 자녀가 높은 반에서 공부하기를 원하게 될 것입니다. 학원에서도 높은 반을 선호하는 경향을 가진 학부모의 마음에서는 당연한 것입니다.

학원 내 수준에서 상위반 학생은 무조건 학교 기준 A반이 되어야 하며, 학원의 중위권 반 학생도 A반에 가기를 원합니다. 그것이 인지상정이며, 학부모들이 돈을 내고 학원을 다니는 이유입니다.

학교의 수준별 학습반 운영으로 자녀의 성적에 대한 학부모의 요구는 더욱 거세지는 것은 너무나 당연합니다.

그동안 70점 정도의 학생을 80점으로 올리면 학원에 감사의 문자를 보내던 학부모가 이제는 A반이나 B반으로 올라갈 수 있도록 해달라는 요청을 하고 있습니다.

결국 학교의 수준별 학습의 확대에 따라 성적을 올리는 실적을 가진 학원에 수강생이 더 몰리는 편중현상은 더욱 심화될 것입니다.

또한 성적 향상에 대한 기준도 기존의 점수뿐 아니라 자녀가 몇 번째 반으로 배정받는지에 대한 평가기준이 새롭게 등장한 것입니다.

학원에서는 A반에서 수강하는데 학교 수준별 학습반이 B반이면 학부모는 배신감을 느낄 수 있고 학원을 떠날 수도 있습니다.

학교의 수준별 학습이 본격화되면 수준이 더 세분화 될 것입니다. 학원의 분류보다 더 세분화 된다면 학교의 레벨 수보다 적은 레벨을 운영하는 학원에게는 큰 충격이 될 수도 있습니다.

현재 최소한 학년별 3개 정도의 수준별 수업을 하는 학원의 경우 학교의 수준별 학습이 더 세분화되기 전에 학원을 활성화 시키지 못한다면 수강반이 많은 대형 학원에 수강생을 뺏기게 될 우려가 있습니다.

학교의 수준별 학습은 학원 전체로 보면 좋은 기회가 될 수 있지만 원장님이 그 기회를 살려야만 합니다.

프로야구에서 정말 좋은 득점 찬스에서 기회를 살려 득점타를 치는 선수도 있지만 힘없이 내야 땅볼로 찬스를 무산시키는 선수도 많습니다.

학교의 수준별 학습이 원장님에게 기회가 될 수 있도록 원장님 스스로 움직여야 합니다.

위기를 기회로 만들 수 있는 이유가 바로 여기에 있습니다.

학부모와의 약속,
반드시 지켜야 합니다.

　학부모와 신규 상담을 할 때 원장님들은 학부모와 수많은 약속을 합니다.

　"우리 학원에 등록하면 자녀의 성적을 책임지고 확실하게 올려 드리겠습니다."

　학부모는 원장님의 약속을 믿고 자녀를 학원에 등록시킵니다. 학부모와 상담 시 학원장님이 하는 약속은 단순한 립서비스가 아니라 반드시 지켜야 하는 채무가 됩니다. 그 약속을 지키지 못하면 학원은 그 학생과 학부모에게 더 이상 의미가 없게 됩니다.

　학원생 모집업체를 활용해본 경험이 있는 원장님들은 모집업체에서 학부모에게 과다한 약속을 하여 실제 학부모와 상담 시 곤란했던 경험을 한 적이 있을 것입니다.

　원생모집업체는 정해진 기간에 무조건 학생들을 등록시켜야만 성공보수를 받을 수 있으므로 원장님의 능력을 벗어난 약속도 쉽게 학부모에게 합니다.

　몇 년 동안을 학부모와 만나야 하는, 심지어 학원을 그만 두고도 다시 만나야 하는 원장님은 절대 거짓 약속이나 과장된 약속을 해서는 안 되며 약속한 것은 반드시 지켜야만 합니다.

학부모와의 약속을 지키기 위해서는 원장님이 어떤 약속을 했는지 강사와 그 약속의 내용을 공유해야 하며 약속의 수준을 함께 논의해야 합니다.

강사의 수준이나 프랜차이즈 프로그램의 내용을 무시하고 듣기 좋은 말로 무조건 성적향상을 약속한다면 그것은 감언이설일 뿐입니다.

학부모에게 약속을 한 당사자는 원장님이지만 실제로 학생들을 가르치는 담당교사가 학부모와의 약속을 지키지 못한다면 결과적으로는 학부모에게 거짓 약속을 한 것과 다를 바 없습니다.

학부모와 약속을 지키기 위해 노력하고, 원장님의 노력하는 마음이 학부에게 전달되면 약속한 만큼 성적향상이 이루어지지 않아도 학부모가 학원을 쉽게 바꾸지 않습니다. 이는 약속 이행을 위해 노력하는 학원을 신뢰하기 때문입니다.

그러나 성적향상이 어느 정도 이루어져도 원장님이 약속을 지키려는 노력을 보이지 않는다면 학생과 학부모는 다른 학원으로 떠날 수 있습니다.

약속은 반드시 지켜져야 하며 특히 학부모와의 약속은 무조건 지켜야 합니다. 지금 당장 약간의 손해가 발생해도 학부모와의 약속은 반드시 지켜야만 학원이 성장할 수 있습니다.

신뢰를 바탕으로 한 약속이행은 커다란 자산이 되어 되돌아 올 것입니다.

'신종플루'가
고마운 학부모도 있습니다.

학생이 학원을 그만 두는 것은 학원이 싫어졌기 때문이며 더 좋은 학원을 알게 됐기 때문입니다. 학원이 장점으로 내세웠던 여러 사항들이 어느 순간 매력이 없어졌거나 싫어졌기 때문이며, 그동안 참을 만큼 참았는데 더 이상 참을 수 없어 다른 곳으로 떠나는 것입니다.

학원 다니는 것이 즐겁고 선생님과 친구들과 수업하는 것이 즐거우면 쉽게 학원을 끊지 못합니다. 성적이 꾸준히 향상되는데 학원을 그만 두는 학생과 학부모는 없습니다. 어느 정도 오르다가 이제는 오르지 않기 때문에 학원을 그만 두는 것입니다.

성적이 크게 오르지 않아도 학원생활이 즐겁거나, 학원 생활이 정말 힘든 상황이 아니라면 학원을 쉽게 그만두지 않습니다. 즐겁지도 않고 성적도 오르지 않기 때문에 학원을 그만 두는 것입니다.

'다른 학원과 시간이 맞지 않아서'라는 이유로 학원을 그만 두는 학생과 학부모는 학원이 맘에 들지 않기 때문입니다.

'당신네 학원은 너무 못 가르치고, 성적도 안 올라 그만 둔다'고 말하는 학부모 거의 없습니다.

물론 경제적인 이유로 인해 더 저렴한 학원을 찾아 떠나거나 아예 학원을 다니지 못할 정도로 상황이 악화된 경우도 있을 것입니다. 경제적인 이유를 제외하고 학원과 선생님이 정말 좋은데 떠나는 경우는 없다고 생각해야 합니다.

사랑하는 연인이 헤어지는데 그 이유가 사랑하기 때문이라는 것은 영화 속 상황이며 실제로는 두 사람의 사랑이 식었기 때문에 헤어지는 것입니다. 학생들이 떠날 때 학생과 학부모들이 원장님과 강사에게 적당한 핑계를 대는 것은 내용 없는 빈말일 뿐입니다.

그만 두는 학생은 담당 선생님과 학원의 수업방식, 수업 태도, 강의능력, 학생을 대하는 방식 등 다양한 면에서 더 이상 참을 수 없어 그만두는 것입니다.

영어는 다니면서 수학만 그만 두는 경우 문제는 수학강사에게 있다고 생각하고 개선점을 찾아야 합니다.

학원에서 학생이 지속적으로 떠나는 것은 성적이 떨어진 것보다 더욱 심각한 상황입니다. 성적이 잠시 떨어지면 심기일전하여 다시 올릴 수 있지만 학생이 떠나면 학원은 만회할 기회조차 없기 때문입니다.

수강생은 학원이 존재하는 이유이며 수강생이 떠나는 학원은 영속성을 유지할 수 없습니다.

마찬가지로 수강생이 떠나는 교사는 좋은 교사가 아닙니다. 정말 좋은 실력을 갖춘 좋은 선생님을 두고 떠나는 학생은 없습니다.

학생의 퇴원에 대해 원장님은 심각하게 고민하고 퇴원생 대책에 더 많은 관심과 노력을 기울여야 합니다. 또한 원장님이 심각하게 고민하는 모습을 강사가 알게 해야 하며 그 대책을 세움에 있어서도 강사와 함께 해야 합니다.

불과 두 시간 전까지 다른 과목을 추가로 수강 하겠다며 시간표를 알려 달라고 얘기하다 갑자기 사정상 그만두어야 하겠다는 학부모님도 계십니다.

학생들이 학원을 그만 두는 이유는 다양합니다.

그러나 최우선순위는 학원 스스로에게서 찾아야 합니다. 너무 강하게 만, 혹은 너무 약하게만 가르치지는 않았는지, 아이의 개별적인 성향을 모르거나 무시했는지, 너무 쉬운 내용만 가르치진 않았는지, 레벨을 정확하게 조정하지 못했는지 등의 퇴원사유를 찾아야만 합니다.

퇴원의 사유 중 개인적 사정이라는 범주를 만들어 놓는다면 강사가 학생을 통해 얻은 퇴원사유는 대부분 '개인사정'으로 귀결될 것입니다. 그러면 학원은 개선할 수 있는 소중한 기회를 놓치게 되는 것입니다.

자녀가 '신종플루'에 걸린 것이 고마운 학부모도 있을까요? '아폴로 눈병'이 정말로 고마운 학부모도 있을까요?

학원을 그만두고 싶었는데 계기가 없어 결정을 못 내리고 있던 학부모에게 '신종플루'와 '아폴로 눈병'은 더없이 좋은 핑계거리가 될 것입니다.

퇴원생이 발생하면 모든 책임은 원장님과 강사에게 있다고 생각해야만 내일 발생될지 모를 또 다른 퇴원생을 막을 수 있습니다.

규칙적인 결석과 지각은
학원의 책임

학생이 결석하고 지각하는 일이 발생되면 대부분의 강사는 학생과 상담을 통해 문제를 해결하는 것보다 우선적으로 패널티를 먼저 줍니다.

지각했으니 벌점 5점에 수업 마치고 10분 보충의 처방이 내려집니다. 다음날 또 지각하면 그 학생에 대한 가중처벌이 이루어집니다.

그러나 학생들이 어쩌다 한번 지각하는 것이 아니라 자주 혹은 주기적으로 지각과 결석을 한다면 그 책임은 학생에게만 있는 것이 아니라 원장님과 강사에도 책임이 있습니다.

학원 다니는 것이 즐겁고, 선생님과 친구들과 수업하는 것이 너무 즐거우면 지각하거나 결석하지 않습니다.

오히려 일찍 와서 친구들과 놀다가 수업에 참여합니다. 누구나 인정하는 부분입니다.

학생이 결석하고 지각하는 것을 학생의 탓으로 돌리면 모든 문제의 원인과 해결책은 학생에게 있습니다. 그러나 책임 있는 원장님과 강사라면 학생의 결석과 지각의 원인을 스스로에게서 찾아 원인을 객관적으로 살필 수 있어야 하고 해결책을 찾아야 합니다.

매번 수업시간에 지각하는 학생은 학원 오는 것이 정말 싫을 수도 있습니다. 즐겁지도 않고 억지로 오는 것일지도 모릅니다. 그래서 지각하게 되고 지각하면 선생님께 혼나고 보충해야하니까 결석으로 이어지기도 합니다.

수업시작 전에 충분히 올 수 있음에도 과제 검사가 두려워 일부러 게으름을 피워 결국 지각한 것일 수도 있습니다. 너무 어려운 과제였거나 너무 양이 많아 수업의 첫 순서인 과제물 검사시간만큼 지각한 것일 수도 있습니다.

학생의 지각이 과제 때문이라 판단되면 과제의 수준과 양에 대해 학생과 솔직한 대화를 하고 그 해결책을 찾아야 합니다.

어떤 학생은 영어를 마치고 바로 수학교실에 이동해야 함에도 불구하고 영어 보충을 하는 경우도 있습니다. 수학교사가 학생을 찾아야만 수학교실로 들어갑니다. 수학교실에 가기 싫다는 아이다운 소심한 자기방어입니다.

이런 학생의 경우 수학 강사가 별도로 학생과 상담을 거쳐 수학의 어떤 부분이 문제인지 파악을 해야 합니다.

수준이 문제면 수준을 바꾸고 친구들이 문제이면 강사가 나서서 중재를 하거나 반을 옮기게 해 수학을 싫지 않도록 해야 합니다.

또한, 피아노 및 수영 등 다른 학원을 가기 싫어서 우리 학원에서 보충하려는 학생이 있습니다. 마찬가지로 우리 학원에 오기 싫어서 그 전 타임의 다른 학원에서 일부러 보충을 택하는 학생이 있을 수도 있습니다.

지각과 결석이 잦은 학생은 반드시 원장님의 학원에 불만이 있는 것입니다. 그런 인식에서 출발해야만 그들의 지각과 결석을 해결할 수 있습니다.

학생들의 문제는 곧 학원과 관련돼 있기 때문에 원장님과 강사가 이를 하기위해 고민하고 노력해야 합니다.

성장하는
학원 만들기!

실력이 늘지 않는 것은
학원의 책임

감기가 들어 병원에 다니면 며칠 후 대부분 치료되기 마련입니다. 마찬가지로 학부모가 자녀의 손을 잡고 학원을 등록할 때 '아이의 성적도 곧 오르겠지'라는 기대를 하는 것은 너무나 당연합니다.

물론 성적은 감기처럼 며칠 만에 효과를 볼 수 없으며 몇 개월 걸릴 수도 있고 혹은 일 년을 넘길 수도 있습니다.

잘 가르치고 성적이 오른다는 학원에 자녀를 등록시켰으니 학부모들이 자녀의 성적이 오를 것으로 기대하는 것은 너무도 당연합니다.

그러나 실제로 학원에는 성적이 오르지 않는 학생들이 적지 않습니다. 학부모가 보기에도 열심히 하는데 좀처럼 성적이 오르지 않는 학생도 있고, 대충대충 다니는 것 같더니 역시나 성적이 오르지 않는 학생도 있습니다.

학원 다니는 동안 성적이 오르다 다시 떨어진 경우도 있고 성적이 들쑥날쑥 하는 경우도 있습니다.

이 과정에서 많은 수의 학생들은 학원을 떠나고 학부모는 또 다른 학원으로 자녀를 데리고 가기도 합니다.

아토피를 고치러 여기 저기 좋다는 병원을 돌아다니는 부모의 마음과 자녀의 성적을 올리기 위해 여기 저기 좋다는 학원을 다니는 학부모의 마음은 똑같습니다.

아토피 피부가 깨끗해지지 않는 것이 아이의 잘못이 아닌 것처럼 학생들의 성적이 오르지 않는 것도 학생들의 잘못이 아닙니다. 아토피를 제대로 고치지 못하는 병원이 문제이며 성적을 올리지 못하는 학원이 문제입니다.

그러나 '우리 학원 애들은 너무 공부를 안 해'라고 공부 못하는 책임을 학생 탓으로 돌리는 원장님들이 너무도 많습니다. 이는 피부과 의사가 '우리 병원 아토피 환자들은 상태가 좋아지지 않아'라고 말하는 것과 같습니다.

아토피가 쉽게 낫지 않는 질환인 것처럼 학생의 성적도 쉽게 오르지 않습니다. 환자는 의사의 조언대로, 학생은 학원의 지도하에 열심히 노력해야 하지만 결과에 대한 책임은 병원과 학원에게 있습니다.

성적이 오르는 것이 어찌 학원만의 책임이냐는 생각을 갖게 될 수도 있습니다. 그러나 그런 생각을 갖는 순간 학원과 원장님은 더 이상 존재의 의미가 없어지게 됩니다.

결석이 몇 번 있었던 학생의 학부모에게는 '그 학생이 결석만 하지 않았다면 성적이 올랐을 것'이라고 말하고, 보충을 빠졌던 경우에는 '보충만 제대로 나왔다면 성적이 올랐을 것'이라고 상담합니다. 학부모는 '결석하지 않도록, 보충에 참석토록 하겠습니다.'며 고개를 숙입니다.

그 다음 시험에는 그 학생이 결석도 없고 보충도 전부 참여했습니다. 이제 학원은 '학생이 목표의식이 없어서, 집중을 못해서…'등 새로운 핑계거리를 만듭니다. 학부모는 상담을 마치면서 '이 학원도 아니구나.'라며 다른 학원을 찾게 될 것입니다.

학생 스스로 목표의식이 강하고 집중력도 강하고 공부하는 방법도 안다면 굳이 돈과 시간을 쓰면서 학원을 다니지 않아도 됩니다.

성적향상에는 학생의 노력이 절대적인 영향을 미치는 것이 사실이지만 학생들은 스스로 하기 어렵고 방법을 모르기 때문에 학원을 다니는 것입니다.

강의를 열심히 하고 보충을 많이 하고 시험을 자주 보고 엄격한 잣대를 학생들에게 적용한다고 실력이 반드시 느는 것은 아닙니다.

정말 열심히 강의했는데도 성적이 오르지 않는 경우가 있다면 그것은 노력이 부족한 것이 아니라 방법이 잘못된 것일 수도 있습니다. 똑같은 내용을 여러 번 설명해도 설명 방법이 너무 단순하거나 혹은 적절하지 않을 수도 있으며 학생들 수순에 맞지 않을 수도 있습니다. 그 교실에 있는 학생들은 그저 난해한 주문을 듣고 있을 수도 있습니다.

대부분의 강사들이 시험 대비를 위해 주말보충도 마다하지 않고 노력합니다. 그러나 성적을 올릴 수 있는 방법이 아니라면 오히려 학생들 스스로 공부할 시간만 빼앗을 뿐입니다.

성적이 오르지 않는 학생에 대해서는 왜 성적이 오르지 않는지 분석하고 그 대책을 세워 학부모와 상담하고 실제로 성적을 올릴 수 있도록 노력해야 합니다.

학생의 문제가 크다면 학생과 학부모와의 지속적인 상담을 통해 문제를 해결하고, 강사와 프로그램의 문제라면 원장님이 적극적으로 나서서 개선해야 합니다. 그 원인이 원장님이 될 수도 있다는 점도 기억해야 합니다.

학원이 존재하는 이유는 학생들의 성적을 올리기 위함이며 그것은 학원의 지상과제입니다. 그 과제를 완수하지 못한다면 학원은 문을 닫을 수밖에 없습니다.

　성적에 관한 모든 것은 학원의 책임이며 성적향상 실적을 만들어야만 생존을 지속할 수 있습니다. 절대 학생 탓으로 돌려서는 안 됩니다.

[그림5] 학원의 현상분석 및 활성화 방안 도출 (예시)

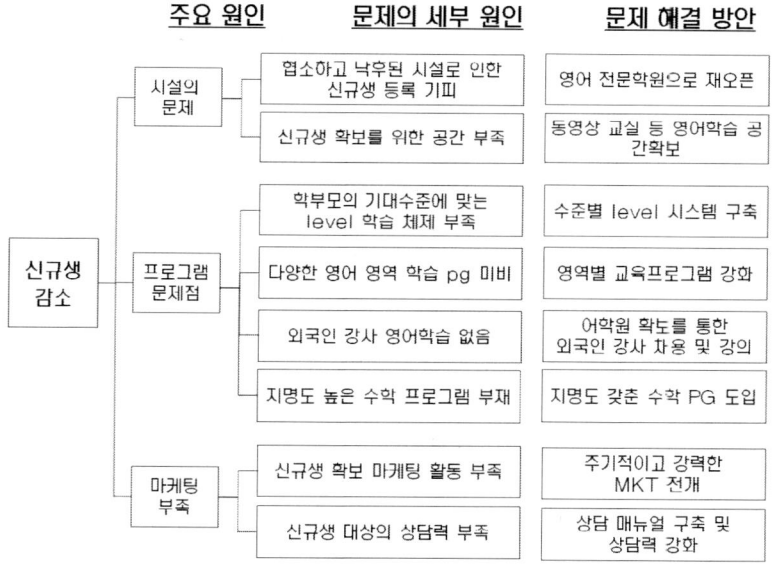

학생의 교재는
학원의 수준을 반영합니다.

우수 학원을 방문할 때 가장 중요한 체크 사항은 그 학원 학생들이 공부 했던 교재를 살펴보는 것입니다.

그 학원의 평균적인 학생이 공부한 교재는 수업의 방식과 내용, 학원의 수준이 그대로 반영되어 있기 때문입니다.

학생들이 직접 학습한 교재를 살펴보면 한 달에 몇 권의 교재를 공부하는지, 테스트는 어떻게 하는지, 과제 점검은 어떻게 하는지 등 학습의 전 과정을 추론할 수 있습니다.

또한 그 학원 강사들이 얼마나 열심히 하는 지, 교육과정이 얼마나 탄탄한 지를 간접적으로 확인할 수 있습니다.

이처럼 학생이 공부한 교재는 학원의 모든 것을 반영하기 때문에 벤치마킹에는 빠질 수 없는 과정이 됩니다.

이런 과정은 벤치마킹을 하는 학원장님에만 해당되는 것이 아니라 학원에 다니는 학생의 학부모와 해당 학원에 대해 궁금한 학생의 친구 학부모에게도 해당됩니다.

학부모들은 자녀가 학습한 교재를 매달 점검하고 있으며 지난달에 비해 이번 달 학습이 더 충실하다거나 부실하다는 나름대로의 평가를 합니다.

특히 학생의 담당 교사가 변경되거나 수강반이 변경됐을 때 학부모의 교재 점검은 더욱 세심해 집니다. 새로운 교사는 정성껏 잘 가르치는지, 자녀에게 친절한지, 교재 수준은 적합한 지 등 세심한 부분에 대한 학부모의 점검이 이루어집니다.

따라서 학원이 지속적으로 성장하기 위해서 학원장님은 벤치마킹하는 자세로 원장님 학원의 교재를 냉정하게 평가하고 자녀를 맡긴 학부모 입장에 서서 냉철하게 점검해야 합니다.

원장님이 세운 학원의 원칙이 제대로 교재에 반영되어 있는지는 물론 학생들이 공부한 책과 워크북에서 학원과 강사들의 정성어린 노력을 찾을 수 있는지 확인해야 합니다.

틀린 내용이 고쳐지지 않고 그대로 있는지, 잘못된 내용이 노트되어 있는지, 풀지 않는 페이지가 있는지, 처음에는 프린트 물이 많은데 중간 이후 프린트 물이 별로 없거나 거의 똑같은 프린트 물이 반복되고 있는 지 등을 주기적으로 살펴보아야 합니다.

또한, 원장님이 학생들의 교재를 점검한다는 것을 강사들에게도 알려서 강사 스스로 학부모의 입장에서 교재 첫 페이지부터 마지막까지 긴장감을 갖고 강의에 임하게 해야 합니다.

교재에서 학원과 강사의 진정성이 보인다면 성적이 다소 불만스러워도 학부모는 잠시 더 기다릴 수 있습니다. 그러나 교재에서 부실한 점이 개선되지 않는 상황에서 성적마저 오르지 않는다면 학부모는 더 이상 참지 않고 다른 학원으로 발길을 돌릴 것입니다.

그들이 선택할 수 있는 학원은 너무 많이 있습니다.

교육 프로그램을
완벽하게 이해하십시오.

 팔고자 하는 상품의 장점과 단점을 명확하게 알고 고객에게 성실한 설명을 하는 A 영업사원과 상품에 대한 지식보다는 브랜드와 가격만을 강조하는 B 영업사원이 있다면 누구의 말을 더 신뢰할 수 있을까요?

 대부분 A 영업사원의 손을 들어줄 것입니다.

 스마트폰을 구입하려는 소비자에게 애플과 삼성이 만든 팸플릿을 그대로 주면서 스스로 비교 판단하라는 휴대폰 A 판매점과 두 제품의 장단점을 한 페이지로 비교 설명하고 고객의 상황에 따라 적합한 것을 추천하는 B 판매점이 있다면 대부분의 소비자는 B 판매점에서 구입할 가능성이 높습니다.

 학원의 경쟁력을 강화하기 위해 많은 비용을 지불하고 프랜차이즈 프로그램을 도입했다면 원장님은 그 목적을 달성하기 위해 지속적인 노력을 해야 합니다.

 학원이 도입한 프로그램의 장단점을 명확하게 확인한 다음 장점을 부각시키고 단점을 보강하는 활동이 지속적으로 이루어져야 합니다.

 그러나 다양한 학습 프로그램을 운영하는 원장님이나 강사들 중에서 각각의 프로그램이 갖는 특성과 교수법을 정확하게 이해하지 못하여 프랜차이즈 프로그램의 장점을 살리지 못하는 경우도 종종 있습니다.

처음 프랜차이즈 프로그램을 선정하고 프랜차이즈 회사의 원장님 교육을 받았을 때 가졌던 원장님의 열정은 시간이 지나면서 점차 약화될 수밖에 없습니다.

강사도 새로운 프로그램을 시작할 때는 교육도 적극적으로 참석하고 다양한 시도를 하지만 어느 정도 시간이 지난 뒤에는 습관적으로 강의하는 수준에 머무르는 경우가 많습니다.

특히 다양한 프랜차이즈 프로그램을 동시에 도입한 일부 학원의 경우 각각의 프로그램 인지도만 활용하고 프로그램의 장점을 제대로 활용하지 못하는 경우도 있습니다.

프랜차이즈 회사가 만든 프로그램 소개용 팸플릿을 학원에서 사용하고 있지만 그 많은 양을 학부모에게 소개하려면 한 시간도 부족할 것입니다.

따라서 각각의 프로그램의 핵심 내용을 발췌하여 소개 자료로 만들어 학부모에게 집중적으로 설명하는 노력이 필요합니다.

실제로 학부모들 중에는 시간이 별로 없으니까 소개 자료를 읽어보겠다고 자료를 요구하는 경우도 있습니다. 그때 프랜차이즈 회사가 만든 팸플릿을 그대로 준다면 그 학부모에게 원장님 학원만의 장점을 설명할 기회를 포기하는 것입니다.

학부모가 그 많은 양의 자료를 읽고서라도 학원을 선택하는 경우는 과학고 전문학원이나 유학 등 특수한 경우에 한정될 것입니다.

프랜차이즈 회사는 매년 수십 권의 새로운 교재를 출간하는데 정작 원장님 학원은 작년과 거의 비슷한 교재 중심으로 운영된다면 프랜차이즈 프로그램을 제대로 활용하는 것이 아닙니다.

수학 프로그램의 경우 매달 사용하는 월교재 외에도 문장제, 도형, 계산력 등 전문화된 교재가 출간되어 있지만 습관적으로 월교재만 활용하고 있는 학원이 적지 않습니다.

각각의 교재는 서로의 부족함을 보강할 수 있는 장점을 갖고 있습니다. 따라서 월교재만 사용하는 학원은 전체 시스템의 극히 일부만을 사용하는 셈입니다.

인근에 동일한 프로그램을 사용하는 학원이 있다면, 그리고 그 학원이 원장님보다 더 월등하게 프로그램을 활용한다면 학부모들이 그 학원을 선택하는 것은 너무나 당연합니다.

인근에 동일한 브랜드의 프랜차이즈 학원이 있는데 원장님 학원보다 활성화 되어 있다면 원장님이 프랜차이즈 프로그램을 제대로 활용하지 못한다는 것을 알려주고 있는 것입니다.

원장님이 프랜차이즈 프로그램에 대해 열심히 연구해야만 강사들이 움직입니다. 원장님이 먼저 교재를 연구하고 강사들과 토론하는 과정을 거쳐야만 강사들이 연구하게 됩니다.

그런 과정을 거쳐야만 원장님이 매년 지불하는 프랜차이즈 재계약금이 아깝지 않을 것입니다.

원장님이
먼저 신간교재를 보십시오.

학원 프랜차이즈 회사는 매년 수십 권의 새로운 교재를 만들어 학원에 소개합니다. 단순히 본사의 수익을 높이기 위해 개발된 교재도 있지만 프랜차이즈의 경쟁력을 유지하기 위해서 소비자의 니즈와 정책을 반영한 신간 교재를 지속적으로 개발하고 있습니다.

따라서 프랜차이즈 프로그램을 제대로 활용하기 위해서는 매년 발간되는 신간 교재를 적극적으로 도입해야만 합니다. 이처럼 수많은 신간교재를 제대로 활용하기 위해서는 원장님이 먼저 신간교재를 연구해야만 합니다.

신간 교재를 직접 살펴보고 경쟁 학원과 차별화가 가능한지, 우리 학원에 도입할 가치가 있는지를 고민한 뒤 강사들에게도 신간교재를 연구하여 학원에 도입할 교재를 선정하도록 지시해야 합니다.

수업을 하지 않는 원장님이 '교재 연구를 한다고 얼마나 알 수 있을까'라고 생각하면 안 됩니다.

물론 강사들보다 부족한 면이 많겠지만 원장님이 신간교재를 연구하는 모습을 보인 뒤에 강사들에게 전달할 때와 그렇지 않는 경우 강사의 태도는 다를 것입니다.

프랜차이즈 영어 프로그램의 경우 매년 수 십 권의 신간교재가 학원에 배포됩니다. 영어 프랜차이즈 회사 차원의 생존전략이 신간교재를 통해 표현되는 것입니다. 따라서 신간교재는 교육시장의 변화에 적극적으로 대응할 수 있는 강력한 무기인 셈 입니다.

원장님이 새로운 교재가 올 때마다 이를 확인하고 검토하여 강사들에게 수업에 반영하도록 지시하지 않는다면 원장님은 강력한 신무기 확보의 기회를 놓치는 우를 범하게 되는 것입니다.

많은 학원에서는 총판에서 보내 주는 교재묶음이 포장 그대로 교무실에 방치되는 경우나 너무 많습니다. 교사 탓을 하기 전에 먼저 원장님이 그 묶음을 뜯고 원장님 책상에서 검토한 다음 교사들에게 전달하십시오. 그래야만 강사들이 움직입니다.

또한, 학원에 도입한 영어 프로그램의 주문가능 교재와 실제로 학원에서 강의하고 있는 교재의 수를 비교해 보십시오. 사용되지 않는 많은 책 중에 진짜 보석이 숨어 있을 수도 있습니다.

음식점 사장이 주방장 출신인 경우와 음식점 사장이 주방에 대해 잘 모르는 경우를 생각해보십시오. 만약 사장이 새로운 메뉴를 도입하고자 할 때 그 성공 가능성은 어떤 곳이 더 클까요?

마찬가지로 교재에 대해 연구를 많이 하는 원장님과 교재 연구를 강사에게 일임하는 원장님이 있다면 어느 학원이 더 활성화 될까요?

'영어를 잘 모르니까', '수학은 자신이 없어'. 이런 생각으로 생각하면서 강사들에게 교재연구를 지시한다면 원장님은 경쟁력 있는 교재를 학원에 쌓아두고서도 이를 활용하지 못하는 우를 범할 수도 있습니다.

지금 교무실에 묶음 채로 쌓여있는 신간교재가 있다면, 책꽂이에 포장도 뜯지 않는 교재가 있다면, 처음 보는 것처럼 느껴지는 교재가 있다면 모두 원장님 책상 위에 올려놓고 검토해 보십시오.

교재를 읽으면서도 아무런 느낌이 오지 않더라도 원장님이 그 교재에 관심을 가지는 모습만 보여도 강사들의 태도와 행동은 변할 것입니다.

그중에는 정말 원장님이 그토록 찾고자 했던 강력한 무기가 될 교재가 교재가 있을 수도 있습니다.

그동안 원장님이 그렇게 찾고자 했던 파랑새가 저 멀리 있는 것이 아니라 원장님 학원에 있을 수도 있습니다.

[그림6] 과목별 학제별 사교육비 현황(교과부 발표)

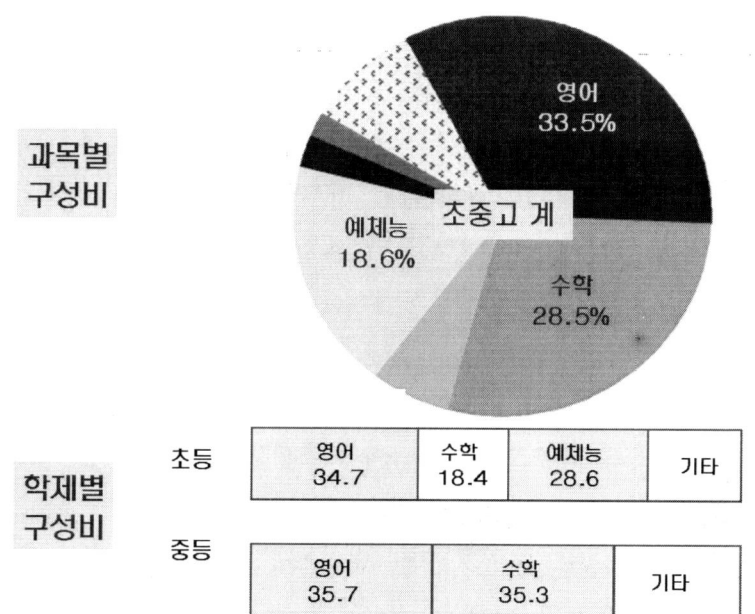

중장기 커리큘럼을
미리 준비하십시오.

대부분의 학원이 프랜차이즈 회사의 교재를 사용하는 현실에서 교재 수준이 아주 세분화된 경우라도 실제로 학원에서 사용되는 수준은 한정적일 수밖에 없습니다.

교재 수준이 7단계로 구성되는 경우 1~3단계의 교재를 배우는 학생이 대부분이며, 일부 학생이 4~5단계의 교재를 사용하며, 6~7단계의 교재는 극소수의 학생만이 사용하는 경우가 대부분입니다.

프랜차이즈 회사는 고급 브랜드와 경쟁을 위해 높은 단계의 교재를 지속적으로 출간하지만 학원입장에서는 별 도움이 안 되는 것도 현실입니다.

학원들은 낮은 단계의 교재를 더 세분화해야 한다고 요구하지만 프랜차이즈 회사들은 프로그램의 고급화를 내세우며 높은 수준의 교재 개발에 집중하고 있습니다.

이처럼 프랜차이즈 본사와 가맹학원의 입장이 서로 다르면서 직접 학생을 가르치는 학원의 어려움은 가중되고 있습니다.

기초 단계에서는 수준별 학습이 이루어지는데 학원을 2~3년 이상 다니면 분명히 수준차가 있는 학생들임에도 비슷한 교재를 사용하게 되는 경우가 종종 발생되곤 합니다.

학부모들 사이에서 우리 아이가 다른 아이보다 더 잘하는데 교재는 왜 같은 것을 사용하는지 항의하고, 몇 달 동안 교재 수준이 거의 비슷한 것을 지적하며 레벨을 올려 달라는 요청을 하기도 합니다.

이런 경우 대부분 학원만의 커리큘럼이 명확하게 만들어지지 않아 이런 문제가 발생되는 경우가 많습니다. 교재를 만든 회사가 정한 커리큘럼대로만 수업하다보니 학생수준과 무관하게 교재 수준만 높아지게 된 됩니다.

그러다 보니 어려운 교재를 쉽게 대충 가르치는 편법을 사용하게 되고 이는 학부모에게 학원의 수업이 부실하다는 느낌을 주기도 합니다.

이 같은 혼란을 피하기 위해서는 학생들이 입학한 뒤 몇 년 동안 배울 학습과정의 커리큘럼을 수준별로 준비해야 합니다. 이 작업은 프랜차이즈 운영의 가장 중요한 과정이므로 강사들과 함께 심도 있는 토의를 거쳐 만들어야 합니다.

몇 번의 심도 있는 강사와의 회의를 통해 프랜차이즈 본사의 교재 시스템 전체를 기초로 한 최소한 3개 수준의 커리큘럼을 작성하여 미리 정하는 준비과정이 필요합니다.

기본반, 엘리트반, 영재반 등으로 나누어 각각의 학습 진도에 따라 최소한 3~4년 동안 배울 교재를 미리 선정해 둔다면 수강반에 따라 교재가 중복되는 현상을 최소화할 수 있을 것입니다.

프랜차이즈 시스템이 소개하는 모범 답안식의 교재 시스템을 무조건적으로 적용하는 것은 학원의 성패를 프랜차이즈 본사에 100% 위탁하는 것과 다를 것이 없습니다. 그들이 제공하는 것은 모범 사례일 뿐이며 이를 원장님의 학원에 맞게 수정하여 활용해야 합니다.

초등 1학년이 입학했을 때 앞으로 배울 6년의 교육과정을 보여주고 3년 후 배울 책과 6년 후 배울 책의 수준을 보여 준다면 학부모는 준비된 학원이라는 인상을 받을 것입니다.

특히 동일한 프랜차이즈 학원이 근처에 있을 경우 우리 학원만의 차별화된 모습을 보여주어야 합니다.

두 학원 모두 프랜차이즈 회사의 모범 답안만 보여준다면 학부모는 교육 외적인 부분 즉, 수강료, 거리, 인테리어 등 눈에 보이는 것으로 학원을 선택할 수밖에 없습니다.

프랜차이즈 학원이 점차 늘어나면서 원장님 근처에도 동일한 브랜드 학원이 있을 것입니다. 같은 브랜드가 근처에 생기는 것을 막을 수 없다면 그것을 이길 방법을 찾아야만 합니다.

같은 교재를 사용하지만 경쟁학원보다 더욱 효과적으로 커리큘럼을 학부모에게 보여주고 그들 보다 더욱 충실한 교육을 한다면 학부모들은 결국 원장님 학원으로 올 것입니다.

분반 수업이 아니라
수준별 수업이 되어야 합니다.

 학년과 학기가 바뀔 때마다 원장님들을 괴롭히는 것은 시간표 작성 업무입니다. 원장님들은 시간표 짜주는 프로그램이 있다면 당장 구입 하겠다고 합니다.

 한 과목만 하는 경우 어렵지 않으나 영어와 수학 두 가지를 강의하거 나 거기에 논술 같은 과목을 추가로 하는 학원의 경우 시간표 작성은 시간도 많이 걸리고 힘든 원장님의 업무가 됩니다.

 시간표 문제를 해결하기 위해서는 수강반을 세분화해야 하지만 수강 반을 세분화하는 것은 추가 강사를 투입하지 않는 한 한계가 있기 마련 입니다.

 이처럼 시간표 작성에 어려움으로 인해 발생되기 쉬운 문제점은 수준 이 비슷한 수강반이 양산될 수 있다는 것입니다.

 영어 수준과 수학수준이 다른 학생을 끌어안고 가기 위해 수준이 다 른 학생들을 하나로 묶어 영어 수강반과 수학 수강반을 만드는 과정이 반복되면서 4A, 4AB, 4AAB, 4ABB 등 명칭만 다를 뿐 비슷한 교육과 정을 거치는 정체불명의 유사한 수강반이 만들어지는 것입니다.

 강사도 다르고 교실도 다르지만 동일한 교재를 사용한 것은 수준별 학습이 아니라 단지 분반수업일 뿐입니다. 학원의 가장 큰 장점은 수준별 학습입니다. 수업 시간과 교실이 다르기 때문에 수준별 학습이 되는 것이 아니라 학습내용이 구분되어야 진정한 의미의 수준별 학습이 이루어지는 것입니다.

시간표 작성이 힘들다는 현실적인 이유 때문에 비슷한 수준의 수강반이 여러 개 만들어진다면 신규생을 받기 위한 수강반 편성이 어려워지고 이는 학원운영을 더욱 어렵게 할 수 있습니다.

영어학원은 파닉스부터 시작해야 하는 기초반 개설이 중요한데 시간표에 여유가 없다면 파닉스 수준의 학생을 기존반에 배정해야 하는 사태가 발생되기도 합니다.

또한, 수강반 변경 시에는 학원에서 정한 수강반별 기준과 함께 학부모의 의견도 최우선으로 반영되어야 합니다. 수강반 조정 시기를 놓치면 학부모가 너무 쉬운 것만 배운다고 생각해서 학원을 그만둘 수도 있습니다.

그렇다고 학부모의 희망대로 무조건 높은 반으로 이동시켜서도 안 됩니다. 한 번 높은 반으로 올라간 뒤 적응 못한 학생은 다시 기존의 반으로 오는 것이 아니라 학원을 그만 두는 경우가 많기 때문입니다.

따라서 학생들의 수준과 학부모의 기대를 생각하고 그들이 가장 필요로 하는 부분이 무엇인지 살펴보고 그 수준에 맞는 수강반을 만드는 말 그대로의 '수준별 학습'이 이루어져야 합니다.

각각의 수강반은 학생수준에 맞는 각기 다른 학습 목표가 있어야 하며 그에 맞는 학습이 이루어져야 하고 그 영역을 넘어서는 학생은 다른 수강반으로 레벨 업해야 합니다.

수강반 조정은 학생들의 학원생활을 즐겁게 할 수도 있고, 학원을 그만두는 계기가 되기도 합니다.

　원장님이 '수준별 학습'에 대한 원칙을 세우고 이를 강사들과 함께 공유하여 학생과 학부모 모두가 실질적인 수준별 학습이 이루어짐을 느껴야 합니다.

　그래야만 인근의 동일한 프랜차이즈 학원과도 경쟁에서 이길 수 있으며 '방과후 학교'와의 경쟁에서도 경쟁력을 가지게 될 것입니다.

[그림7] 사교육 절감형 창의경영학교 현황

교과부의 사교육비 절감 목표

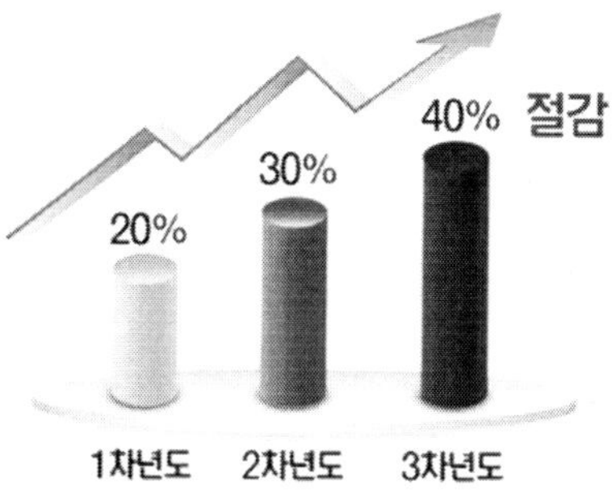

20%　1차년도
30%　2차년도
40% 절감　3차년도

사교육절감형 창의경영학교(방과후학교) 현황

구분	초(교)	중(교)	고(교)	소계
'09년	154	131	132	417
'10년	69	57	54	180
'11년	66	53	75	194
소계	289	241	261	791

2011 교육통계 주요지표 - 교육과학부

연간 계획, 월간 계획을 세워야
학원이 성장합니다.

 원장님으로서 일 년에 한 두 번 하는 업무가 있으며 매달 해야 하는 업무가 있습니다.

 오랫동안 학원을 운영하신 원장님들은 1월에는 뭘 해야 하고 2월에는 뭘 해야 한다는 것을 체험적으로 알고 행동합니다. 마치 농부가 봄이 되기 전에 씨앗을 준비하고 장마가 오기 전에 하지감자를 캐는 것처럼 일의 순서를 잘 기억하고 행동하십니다.

 오랫동안 학원을 운영하고 있다는 것은 많은 경쟁을 이기고 생존하고 있음을 보여주고 그 학원의 원장님은 다양한 경험을 통해 경쟁을 이기고 있다는 것을 말해줍니다.

 그러나 학원운영을 이제 시작한 지 얼마 안 된 원장님의 경우 학기 초에 무엇을 해야 하고 학기 말에 뭘 해야 하는지 모르고 그냥 지나치는 경우가 적지 않습니다.

 예비초등학교 소집일 마케팅에 대해 제대로 된 준비도 못한 채 프랜차이즈 회사의 선물을 의미 없이 나눠주는 경우도 있습니다. 이 경우 원장님 학원에 대한 홍보가 아니라 프랜차이즈 회사 홍보를 하는 셈입니다.

심지어 어떤 해는 예비초 소집일 일정을 확인하지 못하여 중요한 마케팅 기회를 놓치는 경우도 발생됩니다.

이제 시작하는 단계에서 모든 것을 알 수는 없습니다. 하지만 비즈니스를 하면서 언제 어떻게 하는지 몰라서 그랬다는 것은 핑계일 뿐입니다. 강사의 실수라면 몰라도 학원운영의 키를 잡고 있는 원장님의 판단 미스와 경험부족은 학원운영을 더욱 어렵게 할 뿐입니다.

이처럼 몰라서 못하고 깜박 잊어서 못하는 사태를 방지하기 위해 항상 계획을 세우고 일을 해야 합니다.

연간 단위의 사업계획서를 세우고 연간 계획표와 월간 계획표를 만들어 항상 업그레이드 하면서 빼뜨린 것이 있는지 살펴보아야 합니다.

학원의 연간계획표는 인터넷에서도 어렵지 않게 검색할 수 있으며 학원운영 서적 몇 권만 보아도 어렵지 않게 찾을 수 있습니다.

그것을 기본으로 하여 원장님 스스로의 연간 및 월간계획표를 작성하고 인근학교 홈페이지를 활용해 학사 일정을 반영한다면 완벽한 계획표가 완성될 것입니다.

연간 계획표는 기본적인 일정에 프랜차이즈 고유의 일정을 결합하여 만들고 월간계획표는 해당 월의 업무를 명확하게 정하여 항상 점검하는 습관을 만들어야 합니다.

예전이라면 A3용지에 연간 계획표를 인쇄하여 원장실 벽에 붙여놓고 할 일을 점검했겠지만 요즘은 스마트 폰이나 아이패드를 활용해서 미리 일정을 공지 받을 수도 있습니다.

원장실에서 가장 잘 보이는 곳에 연간 계획표와 월간 계획표를 붙여놓고 아이패드와 스마트 폰으로 미리 공지를 받는다면 최소한 알고 있었는데 다른 일 때문에 잊고 지나는 일을 없을 것입니다.

또한 학원의 연간 및 월간 계획표를 근거로 강사들에게도 연간 및 월간 계획표를 만들어 원장님의 계획이 강사에게도 전달되고 공유되어 의도한 성과를 거둘 수 있도록 해야 합니다.

특히 교사들의 업무 중 새로운 교재를 학생들에게 배포할 때 부착해야 하는 많은 부착물 점검 및 가정통신문, 월말 테스트 등 반복적인 업무는 학부모와 직접적인 관련인 업무가 많기 때문에 매번 원장님이 직접 알람시계 역할을 해야만 합니다.

원장님이 해야 할 마케팅 일정을 본인의 불찰로 놓치는 것도 문제지만 원장님이 설정한 강사의 규칙적인 일정 중 학부모 관련 업무가 누락된다면 학원에 대한 학부모의 신뢰도는 급격하게 낮아지게 됩니다.

모든 것을 일정대로 계획대로 할 수는 없지만 연간 계획을 세우고 월간 주간 단위의 업무계획을 세우고 강사들과 공유함으로써 정말 중요한 일이 누락되지 않도록 스스로를 관리하는 노력을 하십시오.

학생의 학습이력을
관리하십시오.

　학기별 교재를 사용하는 수학과 달리 영어학원은 무학년제로 수준별 교재를 사용하는 방식이 일반적입니다. 프랜차이즈마다 다르지만 하나의 Level은 1년 단위로 운영되며 보통 30~40권의 교재로 구성됩니다.

　학생이 한 학원에서 3, 4년 정도 다니며 여러 수강반을 이동하다보면 많은 수준의 교재를 학습하게 됩니다. 이러다보면 현재의 수강반 교사는 물론 학생 본인도 그동안 학습한 교재가 무엇인지 정확히 모르는 경우가 발생됩니다.

　새 교재를 받고 수업을 시작하는 첫 시간에 그 교재를 배웠다는 것을 아는 경우도 있고, 학생은 본인이 배웠는지도 정확하게 기억하지 못하지만 교재가 시작된 지 며칠 뒤 배운 책을 왜 또 하느냐는 학부모의 항의전화가 와서야 알게 되는 경우도 있습니다.

　미리 수강생이 그 책을 전에 배웠다는 사실을 알았다면 학부모에게 전후사정을 이야기하고 교재비를 받지 않는 등의 조치를 취할 수 있었겠지만 담당교사가 그 사실을 알지 못했다면 너무나 당황스러울 수밖에 없는 상황이 되어 버립니다.

이런 상황이 발생되는 책임은 과연 누구에게 있습니까?

수강생 중 특정 학생만 그 교재를 배웠다는 사실을 모르고 그 교재를 선택한 담당교사의 잘못인가요?

그런 일이 발생됐다면 그 책임은 원장님에게 있습니다.

강의와 교재 선택은 강사의 일인데 왜 원장님의 책임입니까?

그것은 학원의 교재 선정 시스템을 원장님이 만들지 못했거나 강사들이 그런 시스템을 만들어 운영하도록 관리하지 못한 책임입니다.

학생을 담당하는 교사는 계속 바뀌고 원생들은 수강반이 계속 변경되기 때문에 이미 퇴사한 강사나 새롭게 그 학생을 맡은 강사에게 책임을 물을 수는 없습니다.

[그림8] 영어학원에서 활용 가능한 학습이력카드 예시

성장학원 학습 이력카드

학생 이름 :   최초 작성자 :

학습월	교재명	강사명	수강반	교재 list	
'12. 08				Open A	1, 2, 3, 4
'12. 09				Open A	1, 2, 3, 4
'12. 10				Open A	1, 2, 3, 4
'12. 11				Open A	1, 2, 3, 4
'12. 12				Open A	1, 2, 3, 4

★ 활용 방법

　수강생이 학습한 교재를 매달 기록하여 학생이 수강반 이동시
　이동하는 강사에게 전달하여 학생의 학습 이력을 지속적으로 관리

학생이 공부한 교재를 월별로 기록한 일종의 '학습이력카드'가 만들어져 관리되고 있다면 교사는 교재선정 전에 수강반의 이력카드를 사전에 확인할 수 있고 이 점검 과정을 통해 다음 달 학습할 교재를 공부했던 학생이 있었는지 점검하고 사전 조치를 할 수 있었을 것입니다.

학원의 모든 시스템은 원장님이 만들고 개선해야 할 책임이 있으므로 학원의 시스템 부재는 원장님의 책임입니다.

'학습이력카드'는 학생 1명당 매달 공부한 교재를 월간 단위로 기록한 것으로 수강반이 변경될 때마다 기존반 교사가 이동반 교사에게 전달함으로써 관리의 연속성을 유지할 수 있는 시스템입니다.

한 달에 한 번 이런 시스템을 업그레이드 시키면 중복학습으로 인한 문제는 발생되지 않을 것입니다.

학부모와 상담 시에도 학생의 이력카드를 꺼내어 학생의 학습이력과 향후 학습계획에 대해 얘기 한다면 학부모는 원장님과 학원을 더욱 신뢰하게 될 것입니다.

마일리지 마케팅을
적극적으로 활용하십시오.

항공사에서 시작된 마일리지 마케팅은 대부분의 학원에서도 시행되고 있습니다. 쿠니, 달란트, 포인트, 유로 등 다양한 이름으로 운영되지만 기본 운영방식은 항공사와 비슷하게 운영되고 있습니다.

항공사는 고객에게 이용실적에 따라 마일리지를 제공하고 고객은 자신의 마일리지로 항공권이나 호텔 이용권을 무상으로 받을 수 있습니다. 항공사는 이런 공짜 서비스를 고객에게 제공함으로써 자사 항공사를 지속적으로 이용하도록 하는 것입니다.

학원의 마일리지 마케팅 역시 학생들이 학원에 오래 다니도록 하는 것과 학생들이 포인트를 쌓는 즐거움을 느끼며 즐겁게 학원을 다니게 하는 목적으로 운영됩니다.

학원의 마일리지 마케팅은 비용도 적지 않게 소요되지만 달란트 행사 및 알뜰시장은 일 년에 3~5회 실시되는 등 학생을 대상으로 하는 학원의 중요한 마케팅입니다.

이처럼 중요한 마일리지 마케팅은 처음 학원에 도입할 때는 원장님의 철학과 학원 운영 전략 따라 그 규모나 운영수준이 결정됩니다.

그러나 한번 시작된 다음은 그것을 운용하는 강사에 따라 성패가 결정됩니다.

원장님이 설계를 잘하고 다른 학원의 성공사례를 벤치마킹 한 경우라도 포인트나 쿠니, 달란트 등을 강사가 적극적으로 활용해야만 성공할 수 있습니다.

강사에 의한 포인트 제공이 원칙적이고 규칙적으로 이투어져야만 교실에서의 잡음이 발생되지 않습니다. 원칙도 없이 포인트 제공이 된다면 애초에 기대했던 것과는 다른 역효과가 날 우려가 있습니다.

매주 금요일 포인트를 주기로 했는데 다음 주 월요일에 준다거나 기준을 달성했는데 오늘 떠들었으니 안준다는 식으로 원칙에 맞지 않게 운영된다면 원장님은 돈을 지불하고도 욕을 먹게 될 수도 있습니다.

학원의 적립 행사는 학생들에게 마일리지 추가 적립을 통해 학원생활을 더욱 열심히 하게 하기 위한 수단입니다. 따라서 학생들이 포인트를 받으면서 즐거워하도록 운영되어야 합니다. 학생들이 포인트를 받아도 즐겁지 않으면 아무 의미가 없는 일이 될 뿐입니다.

포인트 제도가 애초의 목적에 맞게 운영될 수 있도록 항상 강사들에게 강조해야 합니다.

학원에서 학생에게 주기로 약속한 포인트는 학원의 것이 아니라 학생들의 것이며, 학생들이 받은 포인트는 학생들의 소중한 자산입니다.

원장님은 포인트 제도의 목표가 학생들의 재원 기간을 늘리는 중요한 것이며 수업과 비교해서도 결코 무시되어서는 안 되는 중요한 업무임을 항상 강사들에게 강조해야 합니다.

어린이날 파티에 그동안 모은 포인트로 선물을 살 수 있게 하면 4월 말 학원을 그만 다니려 했던 학생도 5월 한 달 더 다니게 되는 사례를 경험하셨을 것입니다.

매주 금요일은 포인트를 받는 즐거운 날로 정해 포인트 적립과 사용을 하는 날로 정해 운영해 보십시오. 아이들은 포인트 받기 위해 결석하지 않고, 포인트를 사용하기 위해 학원에 일찍 오게 될 것입니다.

귀찮다고 생각하시지 마시고 그 부분은 원장님이 직접 관리하십시오. 아이들이 학원에 즐겁게 올 수 있다면 일주일에 단 하루 바쁘게 보내시는 것도 원장님의 역할입니다.

[그림9] 마일리지 행사의 학원 부착 게시물 예시

4th **KFC에서 수업을! KFC**

◆기 간 : 8월 1일 ~ 8월 30일   발표일 : 8월 31일
(반 별 포인트 평균 기준)

단체상	★1등반 :	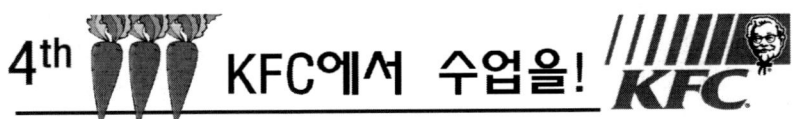	+ 1유로
행사일	★2등반 :		+ 50센트
8.31	★3등반 :		

개인상 ★동영상 학습 + Voca 학습 포인트 기준

1 ~ 3등	최우수상	5천 문상	+ GNB 금빼지
3 ~10등	우 수 상	2유로	+ GNB 은빼지
11~20등	장 려 상	1유로	

성장학원

엄격한 학원 VS 편안한 학원

수업시간에 웃음소리가 들리고 가끔씩 환호성도 들리는 강의실이 있습니다. 수업시간은 다소 시끄러울 때도 있지만 수업을 마치고 나오는 학생들의 표정은 즐거워 보입니다.

반면 강사의 강의 내용만 들리고 학생들의 소리는 거의 들리지 않는 강의실이 있습니다. 강사의 열정을 느낄 수 있는 목소리를 들을 수 있지만 교실에 학생이 있는지조차 알 수 없을 정도입니다.

다음 주가 수능시험일이거나 이번 주가 중간고사 기간이라면 학생들과 편하게 하는 수업보다는 강사가 집중하여 강의하는 수업이 더 효과적일 것입니다.

그러나 초등학생 학원이라면 내일이 시험이라도 웃음소리가 있고 환호성도 있는 그런 강의실이 되어야 합니다.

전교등수도 나오지 않고 시험수준 역시 어렵지 않는 학교시험을 준비하기 위해 엄청난 스트레스를 학원에서 받는다면 학생들은 정말 학원이 싫어질 것입니다.

물론 학원에 다니는 학생에게 성적 향상은 당연한 과제입니다. 성적 향상 없는 학원의 활동은 아무런 의미가 없는 레저 활동일 뿐입니다.

그러나 이왕이면 많은 원장님이 학생들이 즐겁고 편안한 학원 분위기에서 수업 받고 그런 분위기에서 성적향상을 이룰 수 있는 방법을 찾아야 합니다.

그러나 실제 학원에서는 너무 엄한 강사와 교실이 있습니다. 수업 시간에 오로지 수업에 관한 얘기만 하고 수업외 내용에 대한 질문은 절대 불가능하고, 보충은 무슨 일이 있어도 해야만 하며, 집에 일이 있어 중간에 가야 하는데도 학생은 선생님이 무서워 말도 못하고 눈물을 흘리는 그런 강의실도 있습니다.

보충 강의실에서 보충을 하는 학생이 눈물을 흘리고 있습니다. 깜짝 놀라 원장실로 불러 조용히 물었더니 피아노 학원에 가야 하는데 선생님이 '무슨 일이 있어도 이거 다 하고 가라'고 했다며 울고 있습니다. '선생님께 말하지 그랬니?' 했더니 '우리 쌤한테 그렇게 얘기하면 더 혼나요' 그러면서 보충 계속해야 한다고 다시 보충 강의실로 갑니다.

과연 그 아이는 학원 다니는 것이 즐거울까요? 전혀 즐겁지 않을 것입니다. 학원을 그만 둘 핑계거리를 찾고 있을지 모릅니다. 이런 모습을 본다면 원장님은 강사와 바로 면담을 통해 교사의 방침을 수정해야만 합니다.

이런 강사의 대부분이 열정을 갖고 일하는 경우가 많은데 열심히 일한다고 해서 잘못된 부분을 지적하지 않으면 안 됩니다. 열정 있는 강사가 잘못된 방향으로 나아간다면 학원은 더 큰 피해를 얻을 수 상처를 입을 수도 있습니다.

그렇다면 수업시간에 항상 웃음이 넘쳐나는 교실은 괜찮은가요?

아주 엄격한 교실에 비하면 최악의 상황은 아닐 것입니다.

선생님이 좋아서, 친구가 좋아서 수업시간에 농담도 하고 수업과 관련 없는 얘기도 합니다. 수업시간이 지루하지 않고 재미있지만 학습 면에서 보면 부족할 가능성도 있습니다.

강의를 시작한 지 얼마 안 된 초보 강사의 경우 아이들과 친해지기 위해 편하게 수업하는 방식이기도 합니다.

이런 강사는 원장님이 지속적으로 상담을 하여 빠른 시간 내에 적당한 수준의 통제력을 확보할 수 있도록 지도해 주셔야 합니다. 원장님이 모범이라 생각되는 강사의 수업을 참관하게 하고 수업 진행을 배울 수 있도록 이끌어주셔야 합니다.

편안한 강사와 수업하다 수강반이 변경되어 엄한 강사반으로 배정받으면 첫 날 수업에 불참하거나 한 달 정도 다니다가 그만 두는 경우도 있습니다. 반면 아주 엄한 강사반에서 수업하다 편안한 강사반으로 배정 받으면 환호하는 아이들이 있습니다.

과연 원장님은 어떻게 해야 할까요?

엄한 강사반으로 가느니 차라리 학원을 옮기겠다는 학생이 존재한다면 원장님은 그 강사의 스타일을 바꾸게 하든지 강사를 새로 뽑아야 합니다. 그 강사가 실력 있고 열정이 있다는 사실만으로 계속 안고 갈 때는 학원생이 나가게 될 것입니다.

가끔씩 아이들에게 사탕이나 아이스크림을 사주면서 가볍게 질문해보고, 수업 진행에 대해 얘기도 하고, 보충하는 모습, 수업하는 소리를 모니터링 해 보십시오.

너무 엄한 강사와 너무 편안하게 수업하는 강사 모두가 보일 것입니다. 강사가 너무 강하면 아이들이 학원을 옮기게 되고 강사가 너무 약하면 아이들이 강사를 뒤 흔들게 되어 두 경우 모두 학부모가 학원을 옮기게 될 것입니다.

수업을 마치고 강의실을 나오는 아이들의 표정을 살펴보십시오. 원장님의 업무중 가장 중요한 일이 바로 아이들을 살펴보는 것입니다. 아이들의 표정에는 많은 것이 표현됩니다.

원장님은 그 것을 읽어낼 수 있어야 합니다.

워크시트는
항상 새로워야 합니다.

가끔씩 드라마는 물론 현실에 등장하는 노교수가 있습니다. 매년 똑같은 내용을 가르치며 시험 문제도 거의 비슷한 문제를 출제합니다. 많은 학생들이 그 교수를 욕하면서도 손쉽게 학점을 따기 위해 그 수업을 신청하기도 합니다.

학원 강사 중에도 이런 강사들이 있습니다. 그들은 전에 근무했던 학원의 자료를 무림의 비서(秘書)처럼 사용하고, 오래된 교사용 자료집을 수정 없이 그대로 사용하기도 합니다.

정말 그 강사들이 사용하는 교재가 무림의 비서(秘書)에 준할 만큼 훌륭한 교재라면 모를까 그들이 사용하는 교재는 학원 총판에서 무료로 나누어 주는 교사용 부록인 경우가 대부분입니다.

워크시트의 경우도 그동안 근무했던 학원의 자료를 수집해 수년째 반복하여 사용하는 경우도 있습니다.

그 워크시트와 교사용 부록이 정말 좋은 내용이라 하더라도 2년 이상 연속적으로 사용하는 것은 프랜차이즈 프로그램을 도입한 학원에서는 절대로 삼가야 합니다.

매년 새로운 교재가 출간되고 학교의 평가 경향이 매년 바뀌는데 강사가 익숙한 교재, 평가경향이 바뀌기 전에 효과 있었던 자료만 사용한다면 학원의 강의는 새로운 평가경향을 반영하지 못하고 결국은 시험과 무관한 강의로 전락할 가능성이 있습니다.

따라서 학원에서는 생성된 지 2년 넘은 워크시트는 원칙적으로 사용하지 않도록 원칙을 정하고 이를 준수하도록 해야 합니다. 설혹 원장님이 만든 것이라도 먼저 그 원칙을 지켜야 강사들도 지키게 됩니다.

매번 새로운 워크시트를 만들 수는 없지만 한 번 만든 것을 수년 동안 업그레이드 하지 않고 그대로 사용하면 안 됩니다.

정말 그 내용이 좋고 학습에 효과적인 형식이라면 워크시트 디자인을 바꾸고 변경할 내용을 다시 추가 삭제하여 새로운 것처럼 재변신해야 합니다.

출제경향이 바뀌면 강의용 보충자료도 따라 변경되어야 합니다. 몇년 동안 한 학원에 다니는 학생들은 기존의 워크시트에 익숙해졌습니다. '또 그거네, 이거 해봤어'가 아니라 '이건 새로운 것이다!'는 반응이 학생과 학부모 사이에 나와야 합니다. 그래야 학생들이 학원에 질리지 않고 계속 다닐 수 있습니다.

새로운 워크시트를 만드는 일이 쉬운 일은 아닙니다. 그러나 최소한 2년에 한번은 기존의 워크시트를 완전히 무시하고 새로운 방식으로 만든다는 원칙을 세우고 실천해야 합니다.

강사들과 함께 무조건 2년에 한번은 새로운 버전을 만든다는 원칙을 세우고 원장님 주도로 워크시트 작성이 이루어지고 오랫동안 사용된 부교재는 배제하려는 노력이 있어야 합니다.

현재 교육과정이 빠르게 변화하고 있습니다. 초등 6학년이 배우던 역사가 5학년으로 내려왔고 5학년 과정이 4학년으로 내려오고 있습니다.

그런데 교재는 그 변화 이전의 것을 고집한다면 그 강사의 강의는 학생의 성적향상을 위한 것이 아니라 스스로의 편안함을 위한 강의일 뿐입니다.

교무실에 아직도 교육과정 개편 이전의 참고서가 있다면 그것은 원장님과 강사를 포함한 학원 구성원이 변화에 제대로 대응하지 못하고 있음을 알려주는 지표입니다. 2009년 교과과정 개정 이전의 참고서가 교무실에 있다면 당장 버리십시오.

지금 당장 변화전 과정에 있던 교사용을 버려야 합니다. 변화하지 않는 학원은 그저 퇴보하고 있을 뿐입니다.

만약 학부모가 그 사실을 먼저 안다면 그 학부모는 자녀의 손을 잡고 다른 학원으로 떠날 것입니다.

그 학부모의 선택은 너무나 현명한 선택입니다.

변화에 대응하지 못하는 학원에 소중한 자녀를 맡길 수는 없기 때문입니다.

정답이 아닌 틀린 이유를
설명하게 하십시오.

　학원에서는 상세한 해설과 추가 설명이 있는 교사용 교재로 수업을 합니다. 만약 교사용 교재에 정답과 해설이 없다면 학원의 숫자는 줄어 들 것입니다.

　난이도 높은 문제를 학생들에게 쉽게 설명할 수 있는 능력을 갖춘 실력 있는 강사를 찾기 힘들고 실력 있는 강사를 채용하기 위해 부담해야 할 급여 수준도 높아지게 되므로 학원 운영이 어려워지기 때문입니다.

　이런 현실에서 교사용 교재는 학원을 지탱하는 중요한 무기인 셈입니다. 그러나 대부분의 강사들이 지나치게 교사용 교재에 의존하는 성향이 있어 학원만의 차별화된 경쟁력을 확보하기가 쉽지 않습니다.

　수학 교과의 교사용 교재는 대부분의 문제에 대해 상세한 설명을 제공하지만 어떤 문제는 너무 간단하게 되어 있는 부분도 있습니다. 교재를 만든 회사의 입장에서는 그 정도는 강사가 충분히 설명할 수 있을 것으로 생각하고 간단하게 처리한 부분입니다.

　영어 교재도 마찬가지입니다. 정답만 표시가 있을 뿐 설명이 없거나 너무 간단하게 설명된 경우가 적지 않습니다.

　이처럼 간단하게 설명되어 있거나 생략된 부분은 어떻게 해야 합니까? 그 생략된 부분은 누구의 몫입니까? 바로 학원과 강사의 몫입니다.

강사가 그 부분을 자세하게 설명하지 않고 넘어간다면 학생들은 제대로 모르고 진도만 나가는 것일 뿐입니다.

학생들은 그 내용을 모르고 지나가게 되면 '우리 선생님은 설명도 안하고 진도만 나가'라는 불평이 발생되어 결국은 퇴원으로 이어지게 됩니다.

통상적으로 교사용 교재에는 한 가지 해법만 나옵니다. 수업 전에 미리 교사용 해법을 포함하여 2~3가지 해법을 연구하지 않으면 강사는 단순히 해설집을 읽어주는 역할만 할 뿐입니다.

[삼각형의 세 합이 $180°$ 임을 최대한 많은 방법으로 증명하시오.] 라는 문제를 풀 때, 강사가 미리 충분히 준비를 하지 않으면 책에 적힌 몇 가지 내용을 그대로 읽을 수밖에 없습니다. 학생이 교사용 예문에 나오지 않는 기발한 해법을 제시했을 때 미리 준비하지 못한 강사는 혼란스러울 수밖에 없습니다.

강사들이 교사용 설명서 보다 더욱 상세하게 설명할 수 있을 정도로 수업 준비를 해야만 학생들은 강의 내용을 제대로 이해할 수 있습니다.

또한, 객관식 문제의 경우 학생들이 정답을 맞혔다고 해서 곧바로 실력이 느는 것은 아닙니다. 그 답이 정답인 이유와 다른 문항이 틀린 이유를 알 지 못하면 그저 정답만 맞힐 뿐입니다.

2~3개 중에서 정답을 고르는 문제인 경우 정답을 확인하고 채점하는 것이 중요한 것이 아니라 각 문제가 요구하는 내용을 정확하게 설명하여 학생들을 정확하게 이해시켜야만 합니다.

특히, 학원에서 푸는 문제의 양이 중요한 것이 아니라 학생들이 푼 문제는 확실하게 알게 해야만 합니다. 학원에서는 점수가 잘 나오는 데 학교 시험 점수가 안 나오는 이유는 학원에서 문제는 많이 푸는데 정답만 알고 틀린 이유를 알지 못하고 넘어가기 때문일 가능성이 높습니다.

영어 시험에서 어법상 옳은 것을 고르는 문제가 있다면 그 5개 예문 중에서 4개는 어법에 맞지 않는 문장입니다. 강사에 따라 어법에 맞는 그 하나만을 설명하는 경우도 있고 다섯 개 모두를 설명하면서 각각의 예문의 틀린 점을 명확하게 지적해주는 경우도 있습니다. 과연 어떤 방식이 학생들에게 도움이 될까요?

아무것도 이해하지 못한 학생이라도 오지 선다형 문제를 푼다면 정답률은 최소 20%입니다. 학원점수로 내신 점수가 나온다면 문제 하나를 맞히는 것이 중요하지만 학원 점수는 내신에 포함되지 않습니다.

학원은 정답을 가르쳐주는 곳이 아니라 학생들이 문제를 풀 수 있는 능력을 갖추게 하는 곳입니다.

1번부터 5번까지 통로를 만들어 원숭이 다섯 마리를 대상으로 5지선다형 문제를 풀게 한다면 그중 한 마리는 무조건 정답을 맞히게 됩니다. 그렇다고 그 원숭이가 정답을 아는 것은 아닙니다. 단지 확률상 정답을 맞히게 됩니다.

학원에서 수업하는 학생 중에도 확률의 법칙에 따라 문제를 맞힌 학생이 있습니다. 그런 학생들이 있는 한 정답을 고르는 것이 중요한 것이 아니라 정확하게 아는 것이 중요합니다.

학원이 해야 할 일은 학생이 정답을 찾는 것은 물론 그 것이 정답인 이유와 다른 것이 정답이 아닌 이유를 알게 하는 것입니다. 학생들이 그렇게 학습해야만 학교시험이나 공인시험에서 좋은 성적을 얻을 수 있습니다.

단순히 정답만 설명하는 강의로는 경쟁을 이겨낼 수 없습니다.

학원을 둘러싼
환경을 이해하십시오.

　현재의 학원산업은 그 어느 때보다 어려운 상황입니다. 정부의 사교육 줄이기 정책은 가속화되고 있으며 교육당국은 규제 일변도에서 벗어나 사교육과 직접 경쟁하는 정책을 적극적으로 발표하고 있습니다.

　공교육과 사교육의 정면 대결을 유도하는 정부는 대학과 언론사까지 우군으로 영입하며 학원과의 전면전을 진행하고 있습니다.

　삼성과 두산, 포스코 등 대기업은 '교육 기부'라는 이름으로 '방과후학교'에 진출하고 있으며 대기업은 사회공헌 활동의 일환으로 무상교육을 진행하고 있습니다.

　한편으로는 2011년 학원법 개정에 따른 학원비 현실화 과정과 정부의 사교육비 통계 발표 후 엄청난 파장을 일으킬 것으로 예상됩니다.

　매년 어려웠지만 학원이 생존하고 성장하기 위해서는 어려운 환경을 이겨내야만 합니다. 환경 변화가 급격하게 이루어져도 미리 변화의 방향과 내용을 확인하고 신속하게 대응해야 합니다.

　학원 구성원 스스로 변화의 방향과 내용을 인식하고 대응전략을 세우기는 쉽지 않습니다. 따라서 전문가의 도움을 받아서 전략을 세워야 합니다.

학원 전문잡지와 학원 컨설팅 서적을 정독하며 교육회사의 사업설명회, 입시설명회, 세미나 등에 참석하여 변화의 흐름을 파악하고 학원의 전략을 세워서 어려운 상황을 극복해야만 합니다.

책을 통해서, 인터넷을 통해서, 교육 기업의 사업설명회를 통해서, 세미나를 통해서, 그리고 학원 전문가의 도움을 받아서 미래의 변화에 대비해야만 합니다.

2013년 학원산업 주요 이슈

[그림10] 공교육과 사교육의 영역 변화 개념도

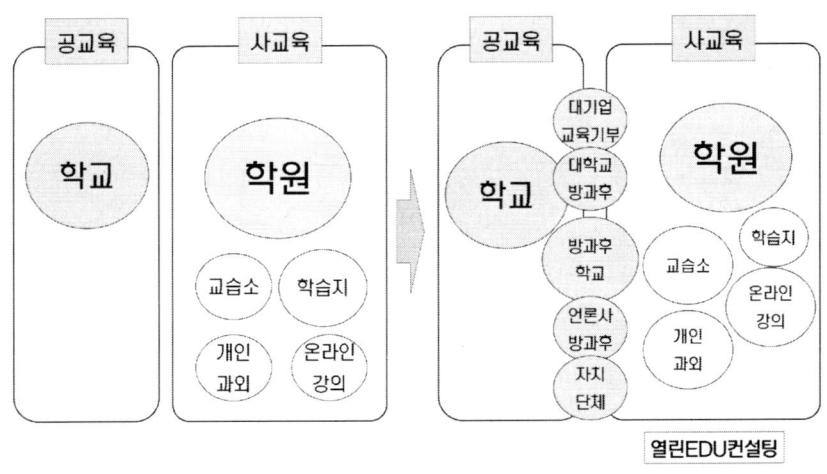

1. 학생수 감소로 인한 학원산업 성장세 둔화

전체 학생수는 매년 감소하고 있으며 앞으로 10년 동안 학생수는 기존 보다 더 빠르게 감소할 것으로 예상됩니다. 학원수가 그만큼 감소하지 않는다면 학원당 학생수 역시 감소할 수밖에 없습니다. 학생수 감소 추세가 피할 수 없는 상황이라면 그에 맞는 생존법을 찾아야만 합니다.

고객수가 줄어드는 상황이라면 한 사람의 고객에게 더 많은 것을 팔아야 하는 것은 마케팅의 기본 원칙입니다. 학원도 그 원칙에 따라 수강생 확대 전략보다는 질 높은 교육 서비스로 더 높은 수강료를 받을 수 있는 전략을 연구해야 합니다.

2. 학원법 개정으로 인한 수강료 현실화 진통

학원법 개정으로 수강료에 교재 값이 포함됩니다. 기존에 수강료와 별도로 징수하던 교재 값이 수강료로 포함되면서, 정부의 통계로 나타나는 사교육비는 크게 증가할 것입니다.

교육청은 학원의 현실을 누구보다 잘 알고 있지만 사교육비 통계가 급등하는 것을 원하지 않는 교과부는 국민정서를 내세워 학원의 수강료 현실화를 억제할 것입니다.

교육청은 개정된 학원법에 따라 학원비 현실화를 어느 정도 용인할 가능성이 있지만 사교육비를 통제해야 하는 교과부 입장에서는 사교육비는 무조건 막아야할 최우선 정책일 뿐입니다.

결국, 개정된 학원법에 의해 학원비가 현실에 가까워질수록 교과부에 의한 학원 죽이기 정책은 더욱 심해질 것입니다. 법 규정 내에서 최대한 움직일 수 있는 여지를 마련하는 것이 필요합니다.

3. 쉬운 수능으로 인한 사교육내 구조조정

정부는 2013수능과 2014 수능을 쉽게 교과서 중심으로, EBS 교재 중심으로 출제한다고 밝혔습니다. 정부의 예상대로 수능이 쉬워지면 수능을 대체하는 다른 평가기준이 등장하게 될 것입니다.

교과부가 사교육을 유발할 수 있는 논술과 심층면접을 금지한다고 해도 대학이 우수학생을 선발하기 위해서는 다양한 방식의 새로운 선발방식을 도입하게 될 것입니다. 수시 인원을 크게 늘리는 것도 정부의 규제를 벗어나 우수한 학생을 유치하기 위한 대학의 자구책으로 볼 수 있습니다.

또한 쉬운 수능은 사교육의 새로운 형태를 만들며 학원산업의 새로운 기회가 될 수도 있고 강력한 위협 요인이 될 수도 있습니다. 쉬운 수능이 가져올 변화를 미리 준비하여 기회가 왔을 때 도약해야 합니다.

4. 스마트폰과 태블릿 PC를 활용한 교육 서비스 등장 가속화

정부는 종이 없는 교과서를 도입하겠다고 선언하고 현재 시범사업을 실시하고 있습니다. 이미 학교에서 교사들의 칠판 판서는 크게 줄어들었으며 클릭으로만 수업을 하는 교사들도 적지 않습니다.

대형 프랜차이즈 회사의 경우 스마트폰과 태블릿 PC를 활용한 교육 프로그램을 잇달아 발표하고 있습니다. 아직은 초보적인 수준에 머물고 있지만 몇 년 후에는 완전한 의미의 스마트 교육이 이루어질 것으로 예상되고 있습니다.

정부의 막대한 투자로 학교에서 완벽한 스마트 교육이 이루어지는 시점에 종이 참고서와 판서에 의존하는 학원에는 학생들이 등록하지 않을 것입니다.

미래를 준비하고 있다면 스마트 폰과 태블릿 PC를 원장실에 두고 어떻게 교육에 활용되고 있는지 적극적으로 연구하십시오.

5. 자율고의 입시 자율화로 인한 고입 사교육 시장 확대

진보성향 교육감에게 고교 입시정책에 대한 주도권을 빼앗기고 있다고 판단한 교과부는 교육감의 권한이었던 자율고 입시와 전학 등의 권한을 학교장에게 위임하려는 시도를 하고 있습니다.

자율고가 사교육을 부추길 것을 우려하고 정책을 펴는 진보성향의 교육감의 권한을 축소하기 위해 자율고에 대한 권한을 학교장에게 이전시킨 것입니다.

아직은 자율고 입학생의 입시 결과가 나오지 않아 자율고의 입시가 가시화 되지 않고 있지만 자율고로 입학한 학생들의 대입 결과가 일반고 체제보다 월등한 수준으로 나타난다면 자율고 입시는 교육정책의 민감한 핫 이슈가 될 것입니다.

특히 강남권 및 사교육 중심 지역의 자율고사 우수한 입시결과를 나타낸다면 교장에게 위임된 자율고 입시 결정권은 학원가에 중요한 기회가 될 것입니다.

6. 국가영어인증시험 NEAT 시장 활성화

국가영어인증시험 NEAT는 2013년 7개 대학의 입학전형에 시범적으로 적용돼 수능의 영어시험 대신 활용됩니다. 2012년 상반기 한 차례 모의고사가 시행됐으며 6월과 7월 공식 시험이 시행됩니다.

정부는 모의고사 및 시범 시행의 결과를 검토하여 2016년 대입전형에서 수능의 영어시험을 NEAT로 대체할 지를 결정한다고 밝히고 있습니다. 그동안 교과부가 사교육 감소를 내세우며 쉬운 수능을 예고한 것을 감안하면 2016년 대입에는 NEAT가 영어 수능을 대체할 것입니다.

영어 과목을 가르치는 보습 및 입시학원은 물론 어학원에서는 NEAT

에 대해 어떻게 준비하고 학부모에게 어떻게 설명할 것인가 하는 부분에 대해 항상 고민하고 자료를 수집하는 노력이 필요합니다.

영어 교육의 근원적인 목표인 영어 말하기의 실적은 물론 새로운 국가영어인증시험인 NEAT에 대해 더 많은 연구가 필요합니다.

7. 수능점수의 가장 핵심적인 과목인 수학 사교육 시장 확대

현재의 대학 입시에서는 수학을 잘하는 학생이 최상위권 대학에 진학할 확률이 높습니다. 수능이 쉬워지면 수학의 평균도 오르겠지만 과탐이나 사탐의 경우처럼 급격한 평균 상승은 발생되지 않을 것입니다.

수능이 쉬워지면 지금보다 수학의 영향력은 더욱 높아질 것입니다.

수능의 수학 과목을 포기하기 직전에 있던 중위권 학생이 수학을 포기하지 않고 쉬운 수능의 수학을 준비할 것입니다. 결국 사교육 시장에서 수학이 차지하는 비율은 더욱 커질 것입니다.

이는 수학 시장의 파이가 더욱 커진다는 것이며 그 곳에 기회가 더 많다는 것을 의미합니다.

8. 수능비중 확대로 인한 자기주도 학습 시장 확대 가속화

쉬운 수능에 대처하고 우수학생을 유치하기 위해 대학은 수시전형의 비율을 지속적으로 확대하고 있습니다.

2013년 수시 비율은 전체 입학생의 63% 수준까지 확대되고 있으며 서울대는 신입생의 80%를 수시로 선발한다고 발표했습니다.

대학이 수시로 학생을 선발할 때 수능시험 성적은 반영되지 않으며 학생기록부와 자기주도 학습 내역 등으로만 전형이 이루어집니다. 수능성적은 합격을 결정하는 요인이 아니라 합격을 확정 짓는 자격요건

일 뿐입니다.

수능이 쉬워지면서 수능 준비를 위한 시장은 줄어들겠지만 수시와 자기주도학습 전형을 위한 사교육 시장은 커질 것입니다. 원장님의 학원에서 할 수 있는 것이 무엇인지 확인하고 미리 준비해야 합니다.

누구나 수능에서 영어 점수를 잘 받게 된다면 더 이상 비싼 수강료를 부담하여 학원을 몇 개씩 다니는 학생은 없을 것입니다. 변화의 방향은 정해졌습니다. 그 변화의 방향에서 무엇을 할 것인지 고민하십시오.

[그림11] 연도별 입학사정관제 실시 대학 현황

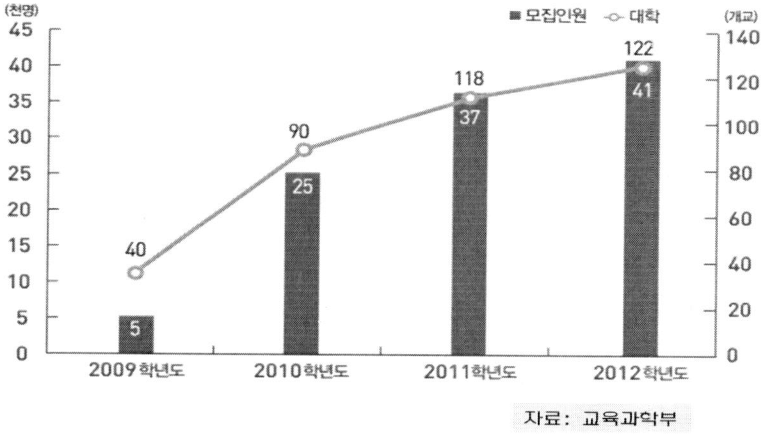

자료: 교육과학부

9. 언론사와 대기업의 교육사업 가속화

교과부의 '방과후 학교'에 대한 언론의 비난은 2011년 하반기부터 급격하게 줄어들었고 현재는 '방과후 학교'의 부작용을 비판하는 기사는 거의 찾아 볼 수 없습니다.

교과부의 교육정책을 건설적으로 비판해야 하는 역할을 하는 언론이 '방과후 학교'의 사업자가 되었기 때문입니다.

교과부의 정책에 따라 조선, 동아, 중앙 등 이른바 '조중동' 보수 언론은 물론 한겨레와 같은 진보 언론도 '방과후 학교'의 사업자로 선정돼 학교에서 합법적으로 사업을 전개하고 있습니다. 언론이 자신들의 활동에 대해 스스로 비판을 할 수는 없습니다.

또한 청년실업의 해결책으로 대학교는 사회적 기업을 설립하여 졸업생을 '방과후 학교' 사업에 투입하고 있습니다. 정부는 청년실업을 해결하고 사교육비 축소라는 두 가지 목적을 달성하고자 대학과의 연계사업을 확대하고 있습니다.

설상가상으로 막대한 흑자를 기록하고 있는 대기업은 교육기부라는 이름으로 '방과후 학교'에 무료교육 사업을 전개하고 있습니다. 삼성이 중학교 2학생을 대상으로 무료수업을 하고 있으며 두산과 포스코도 무료 교육 사업을 전개하고 있습니다.

국민적인 지원 속에서 이루어지는 교육기부가 확산될 경우 사교육 산업은 그만큼 위축될 수밖에 없습니다. 대기업의 사회공헌이라는 명분 앞에서 학원계가 적극적으로 반대할 수도 없는 상황입니다.

개별 학원의 입장에서 아무것도 결정할 수 없는 상황이지만 그 변화의 흐름을 지속적으로 파악해야만 변화에 맞게 학원 운영 전략을 수립할 수 있습니다.

10. 중소학원 경영난 가속

반도체 산업은 이른바 '치킨 게임'이 벌어지고 있습니다. 시장에서 가장 약한 업체가 무너지면 살아남은 강자들이 시장을 독식하는 생존 게임입니다.

학원 산업도 '치킨 게임'이 진행되고 있습니다.

교과부의 '방과후 학교'와 지자체, 언론사의 방과후, 대기업의 교육기부에 맞서 경쟁력 약한 학원은 차례로 문을 닫고 있습니다. 규모가 크고 역사가 오래된 중대형 학원들도 어려움을 겪고 있지만 중소형 학원의 피해가 가장 큰 상황입니다.

광역상권을 대상으로 하는 대형 프랜차이즈 학원은 개별 학교의 방과후 개설에 큰 영향을 받지 않지만 학교 근처에 자리 잡은 중소형 학원에게는 상권내 학교의 방과후 수업의 확대는 엄청난 영향을 미치게 됩니다.

규모가 적은 학원이라면 어떻게 생존하고 성장할 것인지 더 많이 고민하고 더 많이 노력해야 할 것입니다.

항상 변화의 흐름과 내용을 파악하고 어떻게 대응할 것인지 고민해야만 무한경쟁에서 생존하고 성장할 수 있습니다.

쉬운 수능은
실력 있는 학원에게 도약의 기회

당분간 '불 수능'이라는 단어는 들을 수 없을 것 같습니다.

지난 몇 년간 '물 수능'과 '불 수능'으로 대변되는 수능 난이도 조정 실패로 인해 학부모와 학생들로부터 많은 비난을 받았던 교과부가 쉬운 수능으로 방향을 확실하게 잡았기 때문입니다.

2012년도 대학 수능의 외국어 영역의 만점자는 전체 응시자의 2.7%에 이를 정도로 쉬운 수능은 많은 논란을 유발하고 있습니다.

그럼에도 불구하고 교과부는 과목별 만점자 1% 수준의 쉬운 수능을 지속적으로 추진하겠다고 밝히고 있습니다. 수능의 난이도 조정과 함께 EBS 교재의 반영률을 70% 수준으로 유지하겠다고 합니다.

쉬운 수능은 사교육비 절감을 내세운 교과부가 내세운 정책 중 가장 효과적인 정책이라고 판단하기 때문입니다.

수능시험이 계속 쉬워진다면 영어와 수학의 사교육비 규모는 다소 줄어들 것입니다. 심화과정을 전문으로 하는 이른바 소수정예의 비싼 학원을 다니지 않아도 충분히 높은 점수를 얻을 수 있기 때문입니다.

시험이 쉬워지면 굳이 어려운 문제를 머리를 싸매면서 공부할 필요가 없게 되고, 시험문제가 쉬워져 학생들의 점수가 저절로 높아진다면 학원의 역할은 크게 줄어들 수밖에 없습니다.

시험이 난이도가 낮아진다면 '어려운 문제를 해결하는 능력'을 가진 학생이 좋은 성적을 얻는 것이 아니라 실수를 하지 않는 학생이 좋은 성적을 거두고 상위권 학교에 가게 됩니다.

사람이면 누구나 실수를 하게 마련인데 실수 하나로 인해 등급이 바뀔 수도 있고 그 실수로 인해 자신이 원하는 학교에 합격하지 못할 수도 있는 상황이 전개될 것입니다.

그러나 수능의 난이도가 낮아진다고 해도 수험생의 평균점수가 대폭 상승하지는 않을 것입니다. 실제로 가장 최근의 '물 수능'으로 알려진 2012년도 대입수능자료를 살펴보면 쉬운 수능의 열매는 모든 학생에 해당되는 것이 아니라 상위권 학생에 한정되고 있습니다.

교과부가 밝힌 2012년 수능 등급 컷을 기준으로 살펴보면 만점자가 2.7%에 이를 정도로 쉬웠던 외국어의 경우 1등급 학생수는 다른 과목보다 2%이상 높지만 3등급 이하 학생의 경우 언어나 수리와 거의 비슷한 등급 구성비를 나타내고 있습니다.

다시 말해 수능시험이 쉬우면 상위 10~20% 이내 학생에게는 변별력 없는 평범한 시험이 되지만 상위 20% 이하 학생에게는 당국의 난이도 조정과 상관없는 성적을 보이고 있음을 알 수 있습니다.

학원 운영과 연결 지어 생각한다면 극최상위권 학생을 대상으로 하는 학원은 상당한 타격을 받겠지만 상위권 및 2-3등급 수준의 학생이 많은 학원의 경우 학생들의 점수를 상대적으로 더 쉽게 향상시킬 수 있는 기회를 잡은 것입니다.

쉬운 수능으로 인해 최상위권 학생은 불만을 가질 수 있겠지만 20% 수준의 학생에게는 오히려 성적향상의 기회가 될 수도 있습니다.

또한 아무리 문제가 어려워도 1등급을 유지하는 극최상권 학생이 거의 없는 학원이라면 3등급의 학생을 2등급으로, 2등급의 학생을 1등급으로 등급 상향할 가능성이 어느 시기보다 높습니다.

따라서 학원운영의 방향과 학습결과에 대한 목표를 '등급 향상'에 두고 등급상승의 가능성이 큰 학생에 대한 중점적인 관리를 통해 성과를 나타낸다면 학원의 명성은 크게 높아질 수 있습니다.

시험이 어려워지면 많은 학생들이 학원에 등록하게 되지만 학원이 그 학생들의 성적을 올리기는 더욱 어려워집니다. 반면 시험이 쉬워지면 학원이 학생들의 성적 올리기가 더욱 쉬워진다는 것을 의미합니다.

아주 어려운 시험에서 85점을 받고 상위 5%에 드는 것 보다는 95점으로 상위 5%를 달성하는 것에 만족감을 느끼는 것이 인지상정입니다.

학원을 다니면서 학생의 점수가 지속적으로 향상된다면 어떤 학부모도 학원을 쉽게 그만두지 못하는 것은 너무나 당연합니다.

수능이 쉬워지는 경향은 향후 몇 년 동안 지속될 것입니다.

개별 학원이 교육정책에 관여할 수도 없고 수능 난이도를 조절할 수도 없다는 것을 생각한다면 문제가 쉬워지고 학생들의 점수를 올리기가 예전보다 쉬워진다는 것은 대다수 학원에게는 너무나 좋은 기회가 될 것입니다.

학원이 학생의 성적 향상을 위해 존재한다는 것을 생각한다면 너무 어려운 시험보다는 상대적으로 쉬운 시험이 성적향상에 유리한 것은 틀림없는 사실입니다.

입시의 문제는 좋은 성적을 거둔 뒤 생각해도 늦지 않으며 우선은 수강생들의 수능 점수를 향상시키는 것이 중요합니다. 이처럼 쉬운 수능은 학원에 더 없이 좋은 여건이 될 수 있습니다.

국가영어능력평가시험(NEAT)을
미리 준비하십시오.

현재 교과부가 펴는 정책에는 매우 중요한 핵심 원칙이 있습니다.

모든 정책은 시행되면 사교육비가 통계상으로 감소돼야 하며, 사교육을 부추길 가능성이 있는 정책은 우선순위에서 밀려나고 있습니다.

때로는 교과부가 발표한 정책으로 인해 교과부가 의도하지 않던 새로운 사교육 시장이 생기기도 하지만 모든 정책이 사교육비 축소에 맞춰져 있는 것이 현실입니다.

특히 사교육비의 30% 이상을 차지하고 있는 영어의 사교육비를 줄이기 위해서는 획기적인 다양한 방안들이 도입되고 있습니다.

교과부가 2008년 도입을 결정하고 연구하고 있는 국가영어능력평가시험(NEAT. National English Ability Test) 역시 교과부가 제시한 혁신적인 영어정책의 하나입니다.

2013 대입부터 NEAT를 수능 대체 수단으로 시범 적용한 뒤 2016년 수능을 NEAT로 대체하려는 계획을 발표했습니다.

수능을 대체할 예정인 국가영어능력평가시험 NEAT는 학생의 수준과 진로에 따라 듣기, 읽기, 말하기, 쓰기 등 4개 영역에 대한 영어활용능력을 체크하는 일종의 영어 활용능력 시험입니다.

학생들의 점수에 따라 백분율과 표준편차를 구하고 등급을 정하는 기존의 수능시험과는 달리 1, 2, 3급으로 급수에 A, B, C 등급으로 총 9단계로 나누는 일종의 자격시험입니다.

　실제 수능에서는 2, 3등급과 A, B, C 표기만 활용되기 때문에 NEAT는 6등급의 새로운 영어시험인 셈입니다.

　교과부의 예정대로 진행된다면 2015년에 실시되는 2016년 대입입시에 국가영어능력평가시험 NEAT가 수능영어를 대체하게 됩니다.

　교과부는 NEAT가 수능을 대체하는 것이 아직 확정되지 않았다고 하지만 수능시험을 쉽게 내겠다는 정부의 수능 개선안과 NEAT가 서로 일정한 방향성을 가지고 있으며 정부 발표의 경험치를 대입한다면 2016년 수능에서 영어는 사라지게 될 가능성이 높습니다.

　수능의 [외국어] 과목이 [영어] 과목으로 바뀌고 그 시험이 NEAT로 치러질 것이 확실해져 간다면 학원에서는 NEAT를 연구하고 준비하는 것은 너무나 당연합니다.

　기존의 학습 시스템만으로는 NEAT를 준비할 수는 없습니다. 기존의 방식으로도 충분히 NEAT에서 좋은 급수를 받을 수 있다고 학부모에게 상담해도 학부모를 설득할 수는 없습니다.

　그렇다고 새로운 영어 프랜차이즈를 도입하는 것은 기존 프랜차이즈 회사와의 계약 때문에 쉽지 않고 아직 확실한 NEAT 프로그램도 없는 것이 현실입니다.

　더군다나 NEAT에 대한 기본적인 정보만 공개된 상황에서 시험의 난이도와 운영방식에 대해서도 교과부의 세부사항이 공개되지도 않은 난감한 상황입니다.

　그러나 이처럼 모호한 상황을 학원에 유리한 방향으로 이용하는 전략이 필요합니다.

서점에 다양한 수준의 NEAT 교재가 나와 있지만 그 중 어떤 책도 앞으로 치러질 NEAT와 100% 일치되는 교재는 없습니다. 교육회사들은 정부의 가이드라인을 자체적으로 해석하고 그들이 가진 장점을 활용하여 교재로 만든 것일 뿐입니다.

학원도 마찬가지로 출판사와 같은 전략을 사용하면 됩니다.

NEAT에 대해 큰 틀만 결정되고 아직 세부사항이 결정되지 않았다면 그동안 발표된 교과부의 자료와 교과부 산하기관이 발표한 정보를 수집하여 우리 학원만의 대응전략을 수립해야 합니다.

학부모에게 NEAT 관련 정보를 지속적으로 제공하고 학원의 대응전략에 대해 신속하게 설명함으로써 학부모의 불안감을 학원에 대한 신뢰로 바꾸어야 합니다.

아직 아무도 정답을 갖고 있지 않기 때문에 NEAT에 대한 명확한 설명과 시험 준비를 위한 학원의 학습 시스템으로 충분히 대비 가능하다는 논리를 준비한다면 학부모의 신뢰를 얻을 수 있을 것입니다.

물론 학원이 실질적으로 학생들의 영어실력을 확실하게 향상시킬 수 있는 강의력과 NEAT를 대비한 학습 프로그램을 확보해야 하는 것은 너무나 당연합니다.

NEAT 역시 시험이라는 것은 생각한다면 시험 점수를 기본적으로 잘 받게 하는 것은 학원의 사명입니다. 성적 향상을 위한 노력과 성과는 학부모가 학원에게 바라는 당연한 것이며, NEAT에 대한 확실한 전략을 학부모에게 제시해야 합니다.

현재 각 출판사와 온라인의 NEAT 관련 정보는 모두 교과부와 교육개발원에서 나온 몇 개의 발표문과 보고서를 바탕으로 만들어진 것입니다. 영어 출판사와 대형 영어학원은 학원의 브랜드를 활용해 자기들만 아는 내용인 것처럼 호도하고 있습니다.

학부모들이 정보의 부재와 불안감으로 인해 브랜드 파워가 큰 학원으로 이동하기 전에 적극적으로 정보를 제공하고 효과적인 대응책을 마련해야만 합니다.

교과부가 발표한 NEAT 자료는 몇 시간이면 읽을 수 있는 정도에 불과합니다. 교과부 홈페이지에서 'NEAT'로 검색하면 간단하게 다운 받을 수 있습니다.

그 자료를 몇 번이고 정독하여 학원만의 차별화된 상담논리를 만들고 학생들이 NEAT에서도 좋은 성적을 거둘 수 있도록 커리큘럼을 준비하십시오.

수능영어 대신 NEAT가 새로운 영어 시험이 된다면 학원은 새로운 시험에 대한 연구를 해야 합니다. 새로운 영어 시험인 NEAT가 우리 학원의 새로운 도약을 위한 촉매제가 될 수 있습니다.

준비하고 노력하는 학원만이 새로운 도약을 할 수 있습니다.

외고 입시 변화는
소규모 학원에게 좋은 기회

지난 수년간 외국어 고등학교 입시가 사교육비 폭등의 진앙이었다는 것은 부인할 수 없는 사실입니다. 자녀가 외고반, 과고반으로 상향 조정되면 학부모는 기꺼이 고액의 수강료를 납부했고 외고입시를 활용하며 성장해온 학원들이 적지 않습니다.

외고 입시로 급부상한 입시학원은 수강생과 학부모에게 외고 합격의 영광을 안겨주며 성장했습니다. 외고전문 신흥학원의 부상 속에서 외고 입시 수준은 대학 입학보다 어려운 수준에 이르렀고 수강료도 일반 교육과정이 상상할 수 없는 수준으로 고액화된 것이 사실입니다.

교과부가 사교육비 줄이기의 표적으로 외고 입시를 정한 것은 너무나 당연한 것으로 보입니다. 교과부가 꺼낸 비장의 무기는 모든 외부시험 점수를 인정하지 않고 중학교의 영어 내신점수와 출석점수로만 외고입시를 치르게 한 것입니다.

교과부의 외고 입시 사교육 줄이기 정책은 확실하게 효과를 발휘하고 있습니다. 외고의 입학 경쟁률은 대폭 감소하고 있으며 외고에 대한 학부모의 관심도 급격하게 낮아지고 있는 현실입니다.

교과부가 외고입시 사교육을 줄이기 위해 내신 중심의 '자기주도 학습전형'은 외고에 대한 열풍을 식히는 데는 나름대로 성과를 거두고 있습니다.

외고와 과학고가 적용받는 '자기주도 학습전형'에 의하면, 정상적인 중학교 교육과정으로 준비할 수 없는 교외 경시대회 수상 실적, 토플·텝스·토익 등 인증시험 점수 등 선행학습 결과를 반영하던 특별전형이 완전 폐지됩니다.

또한, 학교별 필기고사를 금지하고, 지필고사 형태의 구술면접과 교과지식을 묻는 구술면접, 심층면접(영어면접)도 금지됐습니다.

외고의 경우 1단계에서 2, 3학년 동안의 영어 내신 성적과 출결점수로 정원의 1.5~2배수를 선발하고, 1단계 성적과 면접으로 최종 합격자를 선발합니다. 과학고의 경우도 중학교 수학과 과학 점수와 면접으로 신입생을 100% 선발합니다.

초등 4,5학년부터 외고와 과고 준비를 해온 학생과 학부모 입장에서는 이건 말도 안 되는 정책입니다. 높은 영어 인증점수가 있고 미국인처럼 말을 잘하는 학생이 외고를 가야지 쉬운 학교시험을 잘 봤다고 외고를 가는 것은 말이 안 된다고 불만을 제기하고 있습니다.

그동안 외고 입시로 성장해 온 외고전문 학원장님도 이와 마찬가지의 불만을 제기하고 있으며 자녀를 기존의 치열한 입시를 거쳐 외고에 보냈던 학부모들 역시 특목고의 실력 저하와 학교의 명성 추락을 우려하는 불만의 목소리를 내고 있습니다.

특목고 입학을 위해 엄청난 학습을 해온 학생들과 그 학생들을 지도한 학원의 불만은 너무나 당연한 것입니다.

그러나 특목고 입시 변경으로 인해 최소한 특목고 입시 사교육비 절감이라는 정책목표를 달성하고 있는 정부가 외고 입시를 기존 방식으로 되돌리지는 않을 것입니다.

정부의 정책이 계속된다면 몇 년 후 외고의 모습은 내신 성적이 좋고 그중에서도 영어를 더 잘하는 학생들이 모인 일종의 비평준화 자사고로 성격이 바뀌게 될 것입니다. 과거처럼 IBT 고득점자만 지원하는 학교로 되돌아가지 않는다면 외고의 교육 과정도 변하게 마련입니다.

아직도 일부 학부모들은 외고에 입학하기 위해서는 공인 영어시험을 봐야하고 아주 어려운 문장까지 읽고 쓰는 것을 자연스럽게 해야만 한다고 생각하고 있습니다. 그런 학부모는 자녀가 초등 고학년만 되면 외고 입시로 유명했던 학원으로 자녀의 학원을 옮기고 있는 현실입니다.

그러나 정부 정책변화로 인해 외국어고와 과학고가 중학교 내신점수로만 갈 수 있다면 그동안 외국어고와 과학고 입시에서 철저하게 배제돼 왔던 중소학원에게는 새로운 기회가 될 수 있습니다.

초등학교 입학 때부터 열심히 가르쳤던 우수학생을 고학년이 되면서 외고 전문학원으로 빼앗겼던 수많은 동네의 보습학원, 영어전문학원과 어학원은 더 이상 대형버스를 운행하는 외고 전문학원에게 우수학생을 뺏기지 않을 수 있게 된 것입니다.

중학교 영어시험 평균 97점 이상이면 외고에 응시할 수 있고 합격할 수 있는 상황이라면 소규모 학원에서도 충분히 외고합격생을 배출할 수 있습니다.

그동안 외고 입학생을 전혀 배출하지 못했지만 누구보다도 자신 있게 학생의 점수를 높여 왔던 실력 있는 중등부 학원이라면 이제 외고 대비반을 만들어야 합니다.

학부모들에게 외고 입시의 변화를 상세히 설명하고 우리 학원에서 공부하는 것만으로도 외고에 입학할 수 있고, 외고 입학 후에도 우수한 성적을 거둘 수 있다는 것을 자신 있게 설명해야 합니다.

외고 입시가 중학교 내신점수로만 결정되고 중학교 시험이 점점 쉬워진다면 아주 영어를 잘하는 강사를 영입하지 않고도 충분하게 학원을 운영할 수 있어 학원운영에도 오히려 호기가 될 것입니다.

학생수가 줄어드는 상황에서 오랫동안 가르쳐왔던 학생들이 대형학원으로 떠나도 어찌할 수 없었던 시절이 있었지만 이제는 아닙니다.

알파벳부터 가르쳐왔던 학생들이 우리 학원에서 공부하여 외고에 합격할 수 있는 그런 시절로 변한 것입니다. 외고입시 변화에 적극적으로 대응하고 준비한다면 내신 중심의 중소 영어학원은 새로운 도약을 할 수 있습니다.

그 도약은 미리 준비하고 행동하는 학원에게서만 가능합니다.

'외고합격생 배출' 이라는 플래카드를 걸 준비를 하고 행동해야 합니다. 그런 실적이 하나둘 쌓이면 학원은 저절로 지속적으로 성장하고 있을 것이다.

절대평가 방식 전환은
교과부의 선물

2014년부터 중고등학교 성적표가 획기적으로 변합니다. 전교 석차가 사라지고 대학과 같이 ABCDE(F) 학점이 도입되며 F를 맞으면 재수강해야 하는 절대평가 시스템으로 변경됩니다.

절대평가로의 획기적인 정책의 변화는 자기주도 학습전형 및 입학사정관제를 통한 고교입시 및 대학입시에도 반영될 것입니다.

교과부가 발표한 '중등학교 학사관리 선진화 방안'에 따라 학생부에는 6단계 성취도를 적게 되며 평가의 난이도와 점수 분포 등을 알 수 있도록 원점수와 과목 평균, 표준편차가 표기되며, '수우미양가'로 표기하는 방식이 'ABCDE(F)'로 변경됩니다.

이 조치는 과거의 절대평가 방식으로 복귀하는 것으로 교과부는 자기주도 학습전형(고입), 입학사정관제(대입) 등 학생선발방식 변화에 따라 성적 평가 제도를 변경했다고 밝히고 있습니다.

그러나 현실적인 이유는 석차가 표기되는 상대평가 방식으로 인해 사교육이 발생 된다는 교과부의 판단인 것으로 보입니다.

성적표에 석차가 표기되지 않고 등급만으로 표기된다면 석차 하나를 올리기 위한 사교육은 어느 정도 감소될 것이라고 판단한 것입니다.

이 제도가 시행되면 학교는 학생의 실제 점수보다 높은 평가를 줄 수밖에 없습니다. 교과부는 학교의 이른바 '내신 부풀리기'를 집중 단속한다고 하지만 절대평가 방식은 일종의 '내신 부풀리기' 성향을 내포하고 있습니다.

그러나 외고 입시와 자율고 입시에 적용되는 입시용 성적은 기존과 같이 백분율과 구간점수가 그대로 적용되고 있습니다. 다시 말해 학생과 학부모에게는 석차를 알려주지 않지만 상위 학교 입학을 위해서는 석차를 기반으로 하는 상대평가 방식이 그대로 적용됨을 의미합니다.

최상위권 학생 중심의 학원이라면 당연히 이 조치는 말이 안 되는 졸속행정입니다. 수강생의 성적을 명확하게 파악할 수 없으며 외고와 자율고에 응시할 수 있는 수준인지 모른 채 입시를 준비해야 하는 상황인 것입니다.

그러나 중위권 학생이 많은 대부분의 중등부 학원에게는 이 조치로 인해 학생들의 성적향상을 학부모에게 더욱 효과적으로 제시할 수 있는 멋진 기회를 얻은 셈입니다.

학부모들과 학생이 석차를 모르는 상황에서 학원은 학부모와 상담 시 '등급 향상'을 약속하게 되며 그 약속은 절대평가 방식의 특성상 달성될 가능성은 어느 때보다 높게 됩니다.

B 등급의 학생을 A 등급으로 올리고, C 등급의 학생을 B 등급으로 올리는 목표는 8등 석차의 학생을 5등으로 올리는 것보다는 훨씬 달성하기 쉽기 때문입니다.

입시제도와 학교의 평가 방식을 결정하는 것은 교과부의 몫입니다. 학원은 그 과정에 개입할 수도 없으며 어떠한 영향력을 미치지 못하며, 학원이 할 수 있는 것은 교과부가 만든 교육 정책을 가장 유리하게 해석하여 학생들이 혜택을 받도록 하는 것입니다.

절대평가방식은 대부분의 중등부 학원에게는 오히려 호재입니다.

'등급향상'을 학부모에게 약속하고 학원의 광고 전략에도 적극적으로 활용해야 합니다.

'등급 향상, 1등 학원이 약속합니다.'

'등급 향상 무한 책임'

'등급 향상이 되지 않으면 수강료를 돌려 드립니다.'

이렇게 캐치프레이즈를 만들어 홍보하며 학부모에게 등급 향상을 약속하고 그대로 등급 향상을 만들어 간다면 학원은 지속적으로 성장하게 될 것입니다.

스마트폰으로
경쟁학원을 조사하십시오.

경쟁학원의 수강과목과 수강료, 강사 현황을 알고 있다면 학원운영은 상대적으로 쉬워집니다. 경쟁학원의 학원비를 상세히 알고 있다면 그 학원보다 조금 저렴하게 책정할 수도 있고 마음 편하게 수강료를 올릴 수도 있습니다.

그동안 이 같은 경쟁학원 조사는 통상적으로 학부모를 통한 정보 수집과 아르바이트를 활용해왔습니다. 하지만 이제 그런 아날로그 방식의 정보 수집은 과거의 유물이 되고 있습니다.

서울시 교육청이 배포한 [우리 동네 학원정보 알기] 어플리케이션(이하 앱)을 활용하면 경쟁학원 조사는 간단하게 할 수 있습니다. 아직은 서울에서만 활용 가능하지만 조만간 전국으로 확산될 것입니다.

상권내 어떤 학원이 있으며 그 학원의 수강료는 얼마이고, 강사는 몇 명이며, 수강 과목은 어떻게 되는지 등의 경쟁학원의 구체적인 정보를 스마트 폰으로 손쉽게 확인할 수 있습니다.

그것을 엑셀이나 파워포인트 프로그램을 활용해 정리하면 기본적인 경쟁학원 조사는 마무리됩니다.

학원 주위에 어떤 학원이 있는지 조사하기 위해 일부러 구석구석을 찾아다니거나 경쟁 학원의 학원비를 알기 위해 학부모로 위장해 전화할 필요도 없습니다. 그런 정보는 그저 앱을 다운 받아 검색하면 찾을 수 있습니다.

서울시 교육청의 [우리 동네 학원정보 알기] 앱을 더욱 효과적으로 활용해야 합니다. 스마트 폰으로 하는 경쟁점조사 기법을 살펴봅니다.

먼저 학원의 주요 상권이 표기된 코팅된 지도를 구입합니다. 컴퓨터를 능숙하게 다룰 수 있다면 인터넷 포탈의 지도를 편집하여 상권용 지도를 만들 수도 있으며 도서관에 들러 1/5,000 지도에서 찾고자 하는 지역의 지도를 복사 및 코팅하여 활용할 수도 있습니다.

지도가 준비됐다면 앱을 활용해 얻은 정보를 바탕으로 준비된 지도에 영어학원은 노란색 라벨지로, 수학학원은 파란색으로, 종합 학원은 빨간색으로 구분하여 학원 경쟁 지도를 만들 수 있습니다.

스티커의 크기를 달리하여 규모가 큰 학원은 큰 스티커를 붙이고 교습소는 네모난 스티커를 붙여 상권을 파악할 수 있습니다.

이렇게 매달 한 번씩 이렇게 상권조사를 한다면 어떤 학원이 새로 생기고 어떤 학원이 문을 닫는지 손쉽게 확인할 수 있습니다.

물론 우리 학원의 정보 역시 그들이 알고 있습니다. 경쟁학원은 앱을 통해 우리 학원의 정보를 말 그대로 손바닥 보듯이 하는데 나 자신은 그 정보를 활용하지 않는다면, 상대를 볼 수도 없는 상황에서 내 모습을 경쟁자에게 그대로 노출하는 것과 다를 바 없습니다.

우리 학원에 수강중인 학생의 거주지를 지도상에 표기하면 어떤 지역을 공략할 것인지, 어떤 학원이 우리의 가장 강력한 경쟁자가 되고 있는지 확인할 수 있습니다.

이와 함께 준비된 지도의 뒷면을 활용해 우리 학원에 재학중인 학생들의 분포도를 만들어 활용할 수도 있습니다. 학교별로 스티커의 색을 달리하고 초중고 학제별로 스티커 모양을 달리해 지도를 만든다면 학원이 집중적으로 공략해야 할 지역을 찾을 수 있습니다.

스마트폰은 그동안 할 수 없었던 수많은 일들을 가능하게 하고 있습니다. 학원의 경쟁력을 높이는 도구로 스마트폰을 활용해야 합니다. 스마트폰의 크기가 작아 불편하다면 태블릿 PC를 구입해 상권조사에 활용해 보십시오. 그동안 볼 수 없었던 많은 것을 볼 수 있습니다.

스마트 폰과 태블릿 PC는 학원 운영의 강력한 도구가 될 수 있습니다. 미리 사용해보고 원장님의 학원에서 어떻게 활용할 것인지 연구하십시오.

[그림12] 서울시교육청의 학원 찾기 어플리케이션 화면

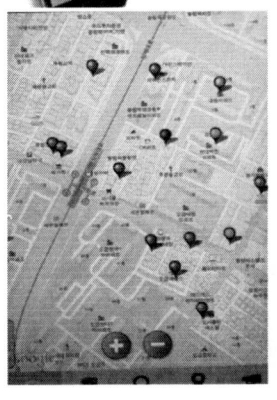

고객이 어디에 있는지
확인 하십시오.

모든 사업이 그러하듯 학원에서도 가장 중요한 고객이 누구인지, 그들이 어디에 거주하고 어떤 경제적 상황에 처해 있는지를 파악하는 것은 매우 중요합니다.

이 같은 고객의 거주지 분석방법은 대형 제조업체나 유통업체에 국한된 것이 아닙니다. 신용카드 사용이 일반화되면서 신용카드 회사가 고객정보를 활용한 상권분석 서비스를 유료로 판매하는 상황입니다.

좁은 상권을 대상으로 하는 학원이라도 고객이 어디서 오는지를 제대로 파악해야만 지속적으로 성장하는 학원을 만들 수 있습니다.

학원의 학생 동향은 도시의 변화 속도에 따라 매번 다르기 때문에 이 변화의 흐름을 잘 이해하고 준비해야만 합니다.

어떤 해에는 여름에 학생이 갑자기 증가할 때도 있고 어느 해에는 겨울방학이 시작하면서 신규생이 급증할 때도 있습니다. 학원과 거리가 상대적으로 멀다고 생각했던 지역에 사는 학생이 학원에 등록할 때도 있고 반면에 그동안 우리 학원의 주요 거주 지역에서 더 이상 신입생이 오지 않는 경우도 있습니다.

새로운 지역에서 신입생이 우리 학원에 오기 시작한다면 그 변화의 흐름을 파악하여 그 지역에 마케팅을 새롭게 전개해야 합니다.

그동안 우리 학원에 매년 10여 명씩 입학하던 아파트 단지에서 올 해는 겨우 1, 2명 정도의 신입생이 등록했다면 그 아파트 근처에 우리 학원보다 더 좋은 학원이 새로 들어섰거나 우리 학원의 평판이 그만큼 나빠졌을 가능성이 높습니다.

그러나 상당수의 학원이 학생수가 감소하거나 정체 상태에 있음에도 불구하고 학생들의 거주 지역별 관리가 이루어지지 않는 경우가 대부분입니다. 이런 학원들의 대부분이 학생관리 프로그램조차 사용하지 않는 경우가 많습니다.

손으로 작성된 수강생 대장 하나만으로 학원의 소중한 학생들을 관리해서는 안 됩니다. 지속적으로 성장하는 학원운영을 위해서는 우리 학원을 찾는 학생들이 어디에 사는지 확인하는 것이 매우 중요합니다.

대부분의 학원관리 프로그램은 학년별, 학교별, 수강과목별 관리는 쉽게 구현하지만 거주지별 관리는 지원하지 못하고 있습니다.

물론 일부 상권 조사 프로그램이 이런 기능을 지원하고 있지만 학원운영을 위해 그런 프로그램을 구입하는 것은 어울리지 않습니다. 무료로 이런 기능을 지원하는 사이트가 있지만 어떤 상황에서도 이용할 수 있다는 점에서 지도를 사용한 학생관리가 더 효과적입니다.

그렇다면 학생들의 거주지별 관리를 어떻게 할 것인가?

우리 학원의 학생의 거주지별 관리 현황을 파악하는 위해서는 두 세 시간의 수고만으로도 충분합니다. 학생들의 거주지를 지도상에 표기하면 그동안 엑셀로 관리할 때 볼 수 없었던 중요한 포인트를 눈으로 확인할 수 있습니다.

학생의 거주지별 관리를 위해 코팅된 대형 컬러지도를 구입해 책상에 놓고 학생의 거주지에 스티커를 붙이기 시작합니다. 무작정 주소에 스티커를 붙이는 것이 아니라 학교별, 학제별로 다른 색과 다른 모양을 활용해야 합니다.

초등학교는 원형 스티커, 중학교는 사각 스티커를, 학교별로 다른 색을 설정해 놓고 차근차근 붙인다면 학원에 다니는 학생들의 거주지별 현황도가 완성됩니다.

이 작업은 원장님 혼자서 해서는 안 되며 강사들과 함께 해야 효과적입니다. 강사가 직접 가르치는 수강생의 거주지를 지도에 표기하며 그 학생에 대해 좀 더 많은 것을 알게 하는 것은 학생과 강사와의 관계를 더욱 가깝게 할 수 있습니다.

현황도가 완성됐다면 원장실에 붙여 놓고 한걸음 뒤로 둘러서서 학원의 학생들이 어디서 살고 있는지, 어떤 아파트에서는 우리 학원에 많은 학생이 다니는데 다른 곳에서는 우리 학원에 오지 않는지 파악해야 합니다.

그 지도 위에 경쟁학원의 위치를 표기한다면 학원의 상권 및 고객현황표가 완성되는 것입니다.

현황도를 만들어 둔다면 새로운 학생이 학원에 등록할 때 새로운 스티커를 부착하는 즐거움도 느낄 수 있을 것입니다.

이렇게 작성된 고객 현황도는 매달 사진으로 촬영하여 기록한 다음 연속 사진으로 살펴보면 어느 지역의 학생이 증가하고 있는지 줄어들고 있는지 확인하여 학원운영에 반영해야 합니다.

과거의 변화도 쉽게 파악할 수 있습니다. 학생 주소록을 갖고 있다면 엑셀 프로그램을 활용해 학교별, 아파트별, 주소별로 분류해 과거의 지도를 만들 수 있습니다. 이 작업은 원장님 혼자서 해야 합니다. 학원운영에 대한 전략을 생각하면서 한 달 치를 작성하고 촬영하는 수고를 손수 해야만 합니다.

이렇게 최근 2년간 학생들의 거주지별 현황도를 만들어 사진으로 찍어 놓고 파워포인트 슬라이드 쇼를 이용해 확인해 보십시오.

그동안 알지 못했던 많은 것들을 확인할 수 있습니다.

어느 지역의 스티커가 많아지거나 줄어들고 있음이 명확해 질 것입니다. 수강생이 줄고 있는 지역을 찾았다면 그 원인을 찾아야만 한다. 경쟁학원이 생겼는지, 멀리 있는 지역의 학원이 셔틀버스로 그 지역의 학생을 데려가는 것은 아닌지 확인해야 합니다.

그 지역에서 다니는 학생의 학부모에게 더 큰 관심을 갖고 상담을 하면서 그 문제점을 찾아야만 합니다.

[그림13] 수강생 분포도 작성 예시

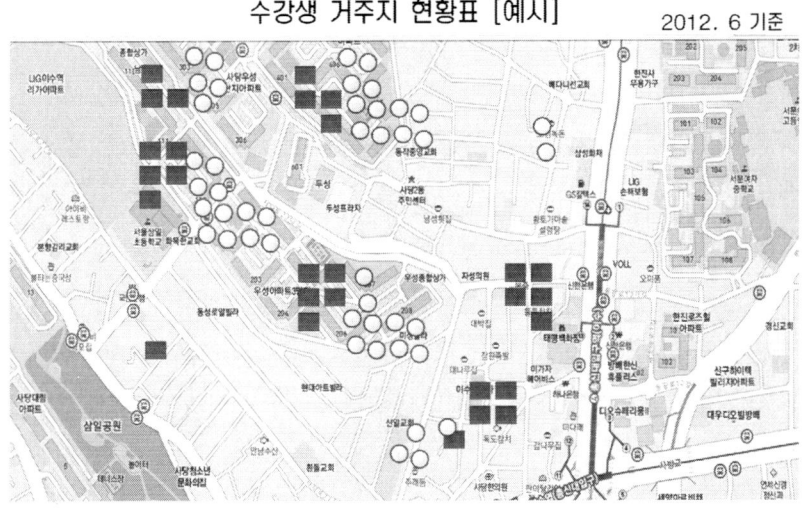

스티커가 많아지는 지역이 있다면 그 곳에 학원의 자원을 집중해야 합니다. 우리 학원의 경쟁력이 어느 지역보다 큰 곳이며 그 지역의 학부모에게는 우리 학원의 평판이 더 좋아지고 있기 때문이다.

우리 학원의 고객이 어디에 사는지를 분석하는 것은 어느 지역에 마케팅을 집중해야 하는지에 대한 전략을 세우기 위한 중요한 작업이 될 것입니다.

우리의 고객에 대해 분석하면 할수록 지속적으로 성장하는 학원에 더 가까이 갈 수 있습니다.

열린EDU컨설팅에서 학생들의 거주지 현황도를 만들어 드립니다. 학생들의 주소만 있다면 연도별/반기별 과거의 수강생 거주지 현황도를 만들어 드립니다. 블로그에 신청해 주세요.

2부

강사와의
효과적인
커뮤니케이션

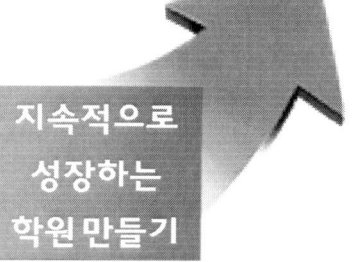

지속적으로
성장하는
학원 만들기

Plan - Do - SEE

4년마다 열리는 월드컵 축구경기는 전 세계의 축구팬들을 열광시킵니다. 최고 수준의 선수들이 국가의 명예를 걸고 하는 모든 경기는 전 세계로 생중계됩니다.

월드컵이 끝나면 많은 일들이 일어납니다. 어떤 팀은 예선전 전패를 기록하고도 국민들로부터 잘 싸웠다는 환대를 받고, 어떤 팀은 8강에 올랐지만 4강에 진출하지 못했다고 자국민들로부터 비난을 받습니다.

월드컵 결과에 따라 감독이 바뀌는 경우도 있고 은퇴를 선언한 선수들도 있습니다. 반면 우수한 실력을 보여준 선수들은 높은 몸값을 받고 수준 높은 팀으로 이적하기도 합니다.

학원가도 마찬가지입니다. 중간고사와 기말고사가 끝나면 월드컵 경기를 연상할 만큼 이동이 많습니다. 학원을 그만두는 학생도 있고 새로 들어오는 학생도 있고 다시 돌아오는 학생도 있습니다.

기대보다 잘 본 학생도 있고 기대에 미치지 못한 학생도 있습니다. 월드컵 경기 결과를 언론에서 분석하듯 우리도 잘 본 학생과 못 본 학생을 분석하고 이에 대한 대책을 세워야 합니다. 시험을 잘 봤다고 무조건 좋은 것도 아니고 못 봤다고 무조건 포기해서는 더더욱 안 됩니다.

이번 시험 잘 봤으니 더 큰 학원으로 이동하려고 생각하는 학생도 있을 수도 있으며, 시험을 못 봤으니 다른 학원으로 바꾸겠다고 생각하는 학생도 있을 것입니다.

각각의 가능성을 생각해 보고 우리가 할 수 있는 것을 해야 합니다.

시험을 마치면 학부모와 상담을 통해 이번 시험에 대한 학부모의 의견을 수렴하고 앞으로의 대책을 말씀드려야 내일을 기약할 수 있습니다.

시험을 맞아 준비했던 부분이 어느 정도 실제로 이루어졌는지, 어떤 부분이 부족했는지 점검해보고 다음 시험 준비과정에 반드시 반영돼야 합니다.

준비과정과 실행과정에 잘못된 부분이 있다면 바로 수정해야 합니다. 다음 시험 직전에 바꾸려 한다면 준비가 부족해 결국 기존방식을 사용할 수밖에 없으며 결국은 또다시 실패할 수밖에 없습니다.

학교시험은 일 년에 네 번씩 규칙적으로 시행됩니다. 갑자기 시행하는 시험이 아니라는 점에서 충분한 준비를 하고 실행하는 학원에게는 시험이 큰 기회가 될 것입니다.

계획하고, 실행하고, 되돌아보고.

[강사와의 대화 노하우 2]

Know How VS Know Where

강사들 중에는 본인이 원하는 자료를 항상 스스로 만드는 강사가 있습니다. 원장님의 지시에 따라서든 스스로 어떤 자료를 만들 때 '한글'이나 '엑셀' 프로그램을 활용해 열심히 자료를 만듭니다.

이들 강사들은 수업 없는 시간에도 이것저것 자료를 찾고 자료를 만드느라 항상 바쁘게 움직입니다.

학원에서 TOSEL 모의고사를 보고 반평균을 교사일지에 기록하라는 원장님의 지시에 학생들의 점수를 스마트폰으로 정성껏 계산하여 기록하는 강사도 있습니다. 동사의 과거변화표를 직접 만들고 테스트지도 직접 타이핑하는 강사도 있습니다.

그러나 달리 생각하면 그렇게 열심히 타이핑하고 직접 자료를 만드는 것이 효율적인가는 생각해봐야 합니다. 원장님의 지시를 이행하지 않는 것보다는 낫지만 일을 잘하고 무조건 칭찬할 수 없습니다.

학생들의 평균을 구하기 위해서는 점수를 합하고 인원수로 나누는 방법이 사용됩니다. 그러나 엑셀 프로그램의 [average] 기능을 사용하면 한 번의 클릭으로 원하는 평균을 얻을 수 있습니다.

동사의 과거변화표는 인터넷에서 2~3분이면 구할 수 있으며 이를 엑셀로 변환한 뒤 순서를 변경하거나 원하는 부분을 지우면 바로 테스트지로 만들 수 있습니다. 커피를 마시면서 할 수 있는 간단한 일입니다.

수업에 활용할 자료를 본인이 직접 만들었다는 사실이 그 자료의 가치를 더 높여주는 것은 아니며 강의의 수준을 높여주는 것은 더더욱 아닙니다.

강사들이 어떤 자료가 필요하다고 생각하는 순간 그 자료는 이미 존재하는 경우가 대부분입니다. 서점이나 인터넷에는 너무 오래 전부터 있어 왔던 것이 대부분입니다.

아주 혁신적인 생각인 경우를 제외한다면 강사가 필요한 자료의 99%는 이미 누군가에 의해 만들어져 있습니다.

따라서 그것을 만들 생각을 할 것이 아니라 정확하게 찾아 어떻게 잘 활용할 것인가를 고민해야 합니다. 무엇을 만들기 전에 이미 만들어진 자료와 방법이 있다면 그것을 활용하는 것이 더 효율적인 것은 너무나 당연합니다.

유명한 감독인 '장자크 아누'의 영화 [불을 찾아서]에서는 선사시대 인류가 등장합니다. 마을에서 가장 튼튼하고 영리한 두 청년을 보내 [불]을 찾아 마을로 가져오게 합니다.

그 청년들은 여행 중 한 여인을 구하게 되는데 그 여인은 그들과 여행하면서 [불]을 만듭니다. 그 청년들이 그토록 애타게 찾던 [불]을 그 여인은 간단하게 만들었습니다.

만약 그 청년들이 사는 마을에서도 불을 만드는 법을 알았다면 그들로 하여금 [불]을 찾는 여행을 떠나게 하지 않았을 것입니다.

우리 주위에 아직도 [불]을 찾아 힘겹게 시간을 소비하는 원장님과 강사가 여전히 존재합니다.

[불]을 찾고자 했던 마을 주민들은 [불]을 찾지 못하면 결국 전멸하고 말았을 것입니다.

학원도 마찬가지입니다.

[강사와의 대화 노하우 3]

스스로 평가하기

교사·강사의 ▶교과 전문성 ▶수업 충실성 ▶인성 교육 등 14개 항목 (7점 만점)에 대한 인식조사에서 학원 강사가 교사보다 높은 점수를 받았다. 중앙대 교수는 '강사들은 학생 눈높이를 맞추지 못하면 살아남을 수 없지만 교사들은 그렇지 않다'고 말했다. (중앙일보 2010. 2. 19 기사 중)

한국교육개발원 주도의 이 설문은 전국 고등학생 6천6백 명 대상으로 이루어진 것입니다. 교사보다는 학원 강사가 교과 전문성, 학생에 대한 이해, 수업만족도 부분에서 높은 평가를 받았습니다.

과연 우리 학원에서 똑같은 설문조사를 학생 대상으로 실시한다면 어떤 결과가 나올 것인가 생각해 봅시다. 언론에 보도된 것처럼 학교 교사보다 월등하게 높은 점수를 받을 수 있을까요?

학교 교사들보다 교과 전문성을 충분히 확보 하고 있는지, 학생들의 만족도와 학생 개개인에 대해 얼마나 이해하고 제대로 다응하고 있는지 스스로 엄격하게 평가해 보아야 할 것입니다.

만약 철저하게 수준별 학습이 이루어지는 학원 시스템처럼 학교에서도 수준별 학습이 이루어진다면 조사 결과는 다르게 나타났을 지도 모릅니다.

대부분의 초등학교 교사는 교육대학 출신이거나 석사 박사 출신이 많습니다. 평균적인 보습학원 강사들보다 학력수준이 높습니다.

학원처럼 강의를 잘하고 학생 관리를 잘하면 급여가 인상되고 비싼 수강료를 받을 수 있다면 공교육에 몸담고 있는 교사들의 평가는 더 좋게 나올 수도 있습니다.

학원처럼 수준별 학습을 하고 한 반 정원이 10명 이내로 유지된다면 학교의 젊은 교사는 학원 강사의 점수보다 훨씬 높은 점수를 받을 것입니다.

평가항목에 대해 냉정하게 스스로를 평가해 보십시오.

과연 몇 점으로 평가 받을지, 스스로에게는 몇 점을 줄 수 있는지, 우리 학원은 몇 점이나 받을 수 있을지를 냉정하게 평가해 보십시오.

수업의 표준화

프랜차이즈 프로그램은 매달 1~3권의 교재를 의무적으로 사용합니다. 또한 매월 테스트를 거치고 온라인과 오프라인을 통해 학부모에게 성적과 함께 분석표를 제공하고 있습니다.

이 같은 시스템의 특성상 매월 초는 수업량이 상대적으로 적고 월말은 교재를 마치고 테스트에서 좋은 성적을 얻기 위해 보충수업까지 진행되는 일이 반복되고 있습니다.

이 같은 월초와 월말의 학습량 차이는 학생들 입장에서는 여간 짜증나는 일이 아닙니다. 월초에는 수업시간이 남아 게임을 하지만 월말이 다가오면 남아서 보충수업을 합니다. 학생입장에서는 단지 선생님 편하고자 하는 것으로 보일 뿐입니다.

실제로 이런 일이 반복되는 것은 학생 중심으로 학습계획을 제대로 세우지 않고 교사 중심으로 학습계획을 세우기 때문입니다.

챕터가 없는 교재의 경우에도 교재별 일별 학습량을 미리 산정해 두고 수업하지 않는다면 월초에는 너무 상세한 부분까지 공부해야 하고 월말에는 너무 빨리 진도를 나가 제대로 이해하지도 못한 상태에서 교재를 마무리하게 될 수도 있습니다.

따라서 효율적인 학습을 위해서는 학생들의 학습량을 감안하여 규칙적인 학습계획을 수립하는 것이 중요합니다. 강의를 하는 강사 중심이 아니라 학습을 하는 학생 중심으로 계획을 세워야 합니다.

이를 위해 과목별 교재별 표준화된 월간 학습계획이 학원에서 만들어지고 전체 강사가 공유하고 실천하는 것이 중요합니다.

월간 학습계획은 학원 전체가 일관성을 가져야 합니다. 물론, 기준대로 완벽하게 진행될 수는 없지만, 그 기준이 하향 조정되어서는 절대 안 되며 무리한 상향 조정도 경계해야 합니다.

어떤 교사는 표준화된 강의계획대로 가르치는 반면 어떤 교사는 표준화된 강의 계획과 너무 동떨어지게 강의를 한다면 수강반 조정을 통해 담당교사가 바뀔 때마다 학부모와 학생들은 혼란을 느끼게 됩니다.

월말고사 준비는 별도로 하더라도 매 수업 학생들이 해야 하는 학습량은 일정해야 합니다. 어떤 날은 학습량이 평균의 60% 수준에 머무르고 다른 날 140%를 하여 평균을 맞추는 방식의 수업은 안 됩니다.

또한 학습이 규칙적으로 이루어지고 과제물도 규칙적이어야 합니다. 한 달 동안 마쳐야할 교재가 2권이라면 일별 학습계획을 단순히 '하루에 한 과'를 나가는 것이 아니라 수업일수를 반영하여 월초 첫 주 5수업일 동안 7~8과를 나가고 월말에는 정규수업시간에만 수업을 진행하는 방식이 학생들의 올바른 학습 습관을 만들 수 있습니다.

또한 수업진행의 기본적인 틀 역시 표준화해야 합니다. 그래야만 수강생이 수강반을 변경하여도 쉽게 적응할 수 있고 수강반 변경에 따른 이탈을 막을 수 있습니다.

한 타임의 수업을 몇 개의 부분으로 나누어 부분별로 해야 할 부분을 명확하게 하고 과제의 양과 수준을 정하고, 과제 관련 페널티와 포상 기준 등 수업전반에 대한 학원의 기본 포맷을 만들어야 합니다.

기준이 세워지면 모든 강사가 그 기준안을 근거로 수업에 임해야 하며 강사 자율의 범위를 정해야 합니다. 그래야만 강사의 갑작스런 퇴직으로 인해 발생할 수 있는 학생들의 혼란을 막을 수 있습니다.

유명한 맥도널드와 같은 패스트푸드는 감자튀김을 맛있게 하는 방법을 표준화 했습니다. 개별 점포에서는 표준화된 방법대로만 하면 고객에게 표준화된 맥도널드 고유의 감자튀김을 제공할 수 있습니다.

만약 숙련자만 맛있는 감자튀김을 만들 수 있다면 맥도널드는 세계적인 프랜차이즈 회사로 성장할 수 없었을 것입니다.

이처럼 프랜차이즈 학원에서는 어떤 강사가 수업해도 일관성을 가질 수 있도록 강의의 수준과 내용, 양을 표준화시켜야 합니다.

그것이야말로 학원이 고가의 가맹비를 내고 프랜차이즈 프로그램을 도입한 효과를 최대화 하는 방법입니다.

[강사와의 대화 노하우 5]

There is no accident.

달이 바뀌면서 학원을 그만 둔 학생이 있습니다.

그들은 학원의 전화도 받지 않으며 학생이나 학부모도 그만 두는 이유를 제대로 말하지 않습니다.

'시간이 맞지 않아서' '과외를 하려고' '너무 힘들어서' '이번 달만 쉬려고' '학교 시험 준비 하려고' 등의 이유를 나름대로 말씀하시는 학부모도 있지만, 아무런 얘기도 없이 일방적으로 중단하시는 학부모도 있습니다.

그들은 말을 하지 않을 뿐이지 실제로는 학원에 불만이 있기 때문에 학원을 그만 두는 것입니다.

오늘을 마지막으로 학원을 그만두는 학생이 있을 수 있습니다. 영어만 혹은 수학만 그만두는 학생도 있고 완전히 학원을 그만 두는 학생이 있을 것입니다.

자동차가 고장 났는데 원인을 알지 못하면 고칠 수 없습니다. 선생님 반에 퇴원생이 생겼는데 선생님이 그 원인을 알지 못한다면 앞으로도 퇴원생을 막을 수도 없습니다.

학생 퇴원의 가장 큰 책임은 담당 선생님과 학원에게 있습니다.

너무 힘들어서 다른 것을 할 시간이 없어서 학원을 조정하는데 그 조정대상이 우리 학원이 된다면 그 만큼 우리의 가치를 인정받지 못한 것입니다.

모두들 항상 열심히 했다고 합니다.

그러나 모든 일에는 승자와 패자가 있습니다. 아무리 어려운 환경에서도 신입생이 줄을 서는 학원이 있는 반면 신입생이 전혀 등록하지 않는 학원도 있습니다.

잘 나가는 학원의 성공요인이 학원 내부에 있다면 퇴원생이 잇따르고 신입생이 들어오지 않는 요인도 학원 내부에 있습니다.

내일 나오지 않는 학생이 있다면, 오늘을 끝으로 학원을 쉬는 학생이 있다면, 어떤 것이 진짜 퇴원의 요인인지 심각하게 고민해야 다음 달 같은 이유로 퇴원생이 발생되지 않습니다.

그 질문은 선생님 스스로에게 먼저 해야 합니다.

퇴원의 가장 큰 책임은 우리라는 생각으로 퇴원생 문제를 깊게 생각해야 합니다.

수업이 즐겁지 않고 힘들며, 친구들과 문제가 있다면 학원을 그만둘 핑계를 만들고 부모를 설득하게 될 것입니다. 선생님의 학생 중에서 퇴원생이 발생한다면 선생님과 수업하는 것이 즐겁지 않고 너무 힘들기 때문입니다.

예고 없이 결석을 하는 학생에게는 선생님이 더 많은 관심을 보여주시고 학부모와 학생이 선생님의 관심을 느낄 수 있도록 해 주십시오.

지각과 결석을 자주하는 것은 선생님과의 수업과 학원 수업이 즐겁지 않다는 것을 생각하며 퇴원의 가능성이 있는 학생에 대해 더 많은 관심을 가져주시고 더 많은 배려를 해 주십시오.

학생이 있어야 선생님과 학원이 존재합니다.

[강사와의 대화 노하우 6]

학생에게 하는 말, 선생님에게도 그대로

'시간이 없어 숙제를 못했습니다.'

'깜박하고 잊었습니다.'

학생들이 정해진 시간 내에 과제를 못했을 때 이런저런 핑계를 댑니다. 학생들의 그런 핑계를 그대로 믿고 다음에는 꼭 해야 한다며 한두 번 용서해 주곤 합니다. 그러나 그런 일이 반복되면 선생님들은 학생의 말을 불신하게 되고 강력한 페널티를 주게 됩니다.

선생님들 중에도 습관적으로 숙제를 깜박하는 학생들처럼 일정을 지키지 않는 선생님이 있습니다. 매번 지적하는 내용이지만 수정되지 않는 경우도 있습니다.

아이들의 시간이나 선생님의 시간 모두 소중합니다.

누구에게나 같은 시간이지만, 어떤 학생, 어떤 선생님은 과제를 다 하고 일부 학생, 일부 선생님은 과제를 다 하지 못합니다.

과제를 못하면 학생들은 선생님으로부터 페널티를 받습니다. 그럼 일정을 지키지 못하고 지적사항이 개선되지 않는 선생님은 누구에게 페널티를 받아야 합니까?

선생님들이 과제를 해오지 않는 학생에게 이를 지적하고 개선이 안될 때 패널티를 내리듯 스스로에게도 엄격한 기준을 적용해야 합니다.

스스로에게 엄격하지 못하면 학생에게도 선생님의 엄격하지 못함이 그대로 전달되게 됩니다.

[강사와의 대화 노하우 7]

퇴원은 누적된 불만이 표출된 것

얼마 전 현직교사이면서 가장 잘나가는 수능 강사가 EBS에서 퇴출됐습니다. 방송 중에 군대를 비하하는 발언을 했는데 많은 사람들 특히 군대를 다녀온 남성과 학부모로부터 많은 비난을 받았습니다.

해당 강사는 홈페이지에 사과문을 올렸지만 결국은 방송에서 퇴출되었습니다.

문제의 그 강사는 발언 직후 사회적 이슈가 된 것이 아닙니다. 그의 강의는 계속 온라인을 통해 방송되고 있었고 5개월이 지난 뒤에야 여론의 관심을 받았다는 점에서 시사한 바가 큽니다.

5개월 동안 그 강의를 들었던 학생들의 수가 증가되면서 그 불만이 누적되었고 더 이상 참을 수 없는 지경에 이르렀을 때 그 발언이 문제시 됐고 그 강의는 폐지된 것입니다.

이른바 양질변화(量質變化)입니다.

액체인 물이 끓다가 100℃가 되는 순간 기체인 수증기로 변화는 것과 같은 것입니다.

오늘부터 학원에 나오지 않는 학생이 있다면 그 학생은 어제 오늘의 일로 그만 두는 것이 아니라 몇 개월 동안 누적된 불만사항이 있을 가능성이 많다는 것입니다. 몇 달 동안 참아왔지만 더 이상 참을 수가 없어 학원을 그만 두는 것입니다.

물론 어느 한 사건으로 인해 즉흥적으로 그만둘 수도 있지만 학원을 선택할 때 보인 학부모의 정성을 생각해 본다면 특정한 사건 하나 때문에 학원을 그만 둘 확률은 높지 않습니다.

지금 우리 학원에 다니고 있는 학생과 학부모 모두 만족하여 우리 학원에 계속 다니는 것은 아닐 것입니다.

일부는 많은 불만을 품고 있을지도 모릅니다. 그들의 불만이 아직 양질변화에 이르는 수준에 이르지 못했을 뿐입니다. 그 불만의 누적치가 한계를 넘는 순간 학생은 더 이상 학원을 오지 않게 되는 것입니다.

그나마 EBS 강사의 경우 본인이 무슨 잘못을 해서 비난을 받는지 알고 퇴출되었기에 개선할 가능성이 있습니다. 반면에 우리 학생과 학부모들은 학원을 그만둘 때 조용히 그만두는 경우가 많습니다.

학생이 우리에게 불만을 품고 떠나는 데도 그 이유를 알 수 없을 때

답답함을 느끼게 되며 그런 사례가 계속된다면 치유할 수 없는 상처가 됩니다. 학원에 대한 나쁜 소문이 갑자기 퍼질 수도 있습니다.

따라서 선생님들은 학생들과 학부모들과의 커뮤니케이션을 할 때, 특히 학생과의 관계에서 더욱 말을 조심해야 하며 행동을 조심해야 합니다. 학생은 우리보다 나이가 많이 어리고 약하지만 엄연한 고객입니다.

고객을 함부로 대하면 그 고객은 기분이 상하며 결국 다른 곳으로 가게 됩니다.

아직은 스스로 학원을 결정할 권한이 없는 어린 고객이기 때문에 학원에 대한 불만을 학부모에게 한두 번 말해도 바로 학원을 바꾸지는 않겠지만 그 빈도가 증가되어 더 이상 참을 수 없는 상황에 이르면 다른 학원으로 옮기게 될 수도 있습니다.

따라서 학생보다 나이가 많고 선생님이니까, '너희들의 인생을 위해서' 라는 미명으로 학생들에게 상처를 주는 말이나 행동은 절대 안 됩니다.

그런 말은 결국 비수가 되어 학원으로 되돌아 올 것입니다.

[강사와의 대화 노하우 8]

학생들이 모르는 것은 당연한 것

학생들이 이해하지 못하고 똑같은 실수를 반복하는 것은 너무나 당연합니다. 그래서 그들이 학원에 계속 다니는 것입니다.

선생님이 한번 가르쳐서 다 안다면 학생들은 방학동안만 학원에 다녀도 될 것입니다. 그러면 현재의 학원중 1%만 살아남고 나머지 학원은 모두 문을 닫을 것입니다.

학교 선생님이 가르쳐준 것을 한 번에 다 안다면 학원이라는 산업이 아예 사라질지도 모릅니다.

그러나 한번 배워서는 자기 것으로 만들지 못하는 학생이 많기 때문에 학원이 계속 유지되고 있으며 학생들은 일 년 내내 학원에 다니는 것입니다.

선생님들 중에서 학생들이 배운 것을 제대로 이해하지 못한다고 소리치는 경우가 있습니다.

학생들이 모른다고 절대 소리 지르거나 혼내지 마십시오.

학생들이 모르는 것은 너무 당연하고 학생이 모르는 것을 알게 하는 것이 학원의 일이며 선생님의 일입니다. 그것을 할 수 없다면 학원이 아니고 선생님이 아닙니다.

선생님이 여러 번 설명해도 학생들이 알지 못하는 것은 학생 탓이 아니라 선생님 탓입니다. 설명이 학생들 수준과 맞지 않는 방식일 수도 있으며 너무 어렵게 설명하여 도무지 이해하지 못하는 경우도 있습니다.

선생님이 많이 아는 것과 학생들을 정확하게 이해시키는 것은 다른 부분입니다. 학생들이 모르면 알 때까지 다양한 방법으로 설명하는 것이 선생님의 역할입니다.

몇 번 가르쳐주고 학생들이 문제를 풀지 못한다고 소리치는 것은 심하게 말하면 '선생님은 더 이상 설명할 방법이 없다'고 학생들에게 자백하는 것일 뿐입니다.

서점에 가면 다양한 영어 단어와 문장을 읽을 수 있도록 도와주는 파닉스 교재가 있습니다. 저자들은 자기만의 독창적인 방법론에 기반을 두고 파닉스 교재를 만들고 서점에 책들을 내놓고 있습니다.

다양한 교재가 서점에서 팔리고 있다는 것은 하나의 방법만으로는 파닉스를 익힐 수 없는 학생이 많이 있다는 것을 의미합니다.

하나의 방법만으로 모든 학생에게 파닉스를 익히게 할 수 있다면 그 방법에 관한 책 몇 권만 남고 나머지 또 다른 방법론을 활용한 책은 서점에서 사라질 것입니다. 그러나 서점에는 오늘도 새로운 방법론을 활용한 파닉스 책이 출간되고 있습니다.

서점에 있는 다른 방식을 활용하면 학생들이 책을 읽을 수도 있는데 한 가지 방식으로 똑같은 설명만 되풀이하면 학생에게 소리만 지르게 될 뿐입니다.

다양한 설명 방법을 찾지 않고 모른다고 학생들에게 소리치고 질책하는 행동은 학생들의 미래를 생각해서도 절대 해서는 안 됩니다.

몇 번 설명해도 학생들이 이해 못한다면 원인은 선생님에게 있습니다. 학생들을 이해시키는 방법을 찾지 못함을 인정하고 서점에서, 인터넷에서 다른 방법을 찾아야 합니다.

학생이 모르는 것에 대해 절대로 학생 탓을 하지 마십시오.

[강사와의 대화 노하우 9]

과제물 관리 철저

과제물 관리는 학원의 가장 기본입니다.

과제물 관리가 철저하게 이루어지지 않으면 학생들은 과제물은 하지 않고 거짓말을 하게 되며 성적향상을 기대하기 힘들게 됩니다.

월요일에 검사하기로 한 과제를 월요일에 점검하지 않고 화요일에 검사하면 아이들은 '집에 두고 왔다고' 거짓말을 하게 됩니다.

학생들의 과제를 화요일에도 검사를 하지 않는다면 다시 월요일이 되도 아이들은 과제를 하지 않습니다. 지난주에도 검사 안했으니 이번 주에도 검사하지 않을 거라 지레 판단하고 과제를 하지 않은 것입니다.

그렇게 선생님이 과제 검사를 제대로 하지 않으면 과제를 제대로 한 학생들은 배신감을 느끼고 과제를 안 한 학생처럼 선생님의 과제를 무시하게 됩니다. 이런 학생이 하나 둘 생기다보면 반 전체가 선생님의 과제를 무시하는 사태로까지 발전될 수 있습니다.

선생님 반 학생들이 과제를 제대로 하지 않는 가장 큰 이유는 바로 선생님입니다.

정해진 일정에 따라 과제 검사를 한다면 과제 점검으로 인한 학생들의 거짓말을 줄일 수 있습니다.

약속된 과제 점검을 하지 않으면 선생님들은 학생들을 거짓말 하도록 함정을 파는 것과 다름없습니다.

과제는 학생들을 규제하기 위해서가 아니라 효과적인 학습을 위한 방편입니다. 과제는 학생들의 성적향상을 위해 학원에서 배운 것을 집에서 복습하거나 미리 예습할 수 있도록 하는 중요한 학습과정입니다.

따라서 선생님들은 학생들이 할 수 없는 과도한 양을 과제로 제시하지는 않는지, 과제점검에 지나치게 많은 시간을 쓰거나 그 시간이 아이들을 힘들게 하지는 않는지 항상 점검해야 합니다.

적지 않는 아이들이 과제 때문에 힘들어 하고 학부모 또한 과제량과 수준에 대해 항의해온 경우도 있습니다.

너무 많은 과제는 학생과 학부모뿐 아니라 선생님 스스로를 지치게 할 뿐입니다. 과제는 꼭 필요한 경우에만 최소한의 양을 원칙으로 운영되어야 합니다.

정말 학원에서 나갔으면 하는 학생을 스스로 나가게 하는 방법이 있습니다.

그 학생이 스스로 해결하기 힘든 과제를 내주고 다음날 검사하여 미이행 페널티로 매일 전날 내준 과제의 두 배씩 과제를 내주면 그 학생은 일주일 만에 그만 두게 됩니다.

선생님들 중 애초에 의도하지 않지만 그와 같은 방법을 '실력 향상을 위하여'라는 이름으로 사용하고 있지는 않은지 스스로를 되돌아봐야 할 것입니다.

원장님이 선생님에게 워크시트 수정을 지시하고 몇 달이 지나도록 체크하지 않았을 때, 선생님이 만든 워크시트를 매번 수정하여 다시 되돌려 받을 때 느낌을 생각해 보십시오.

과유불급(過猶不及)이라 했습니다.

음식에 소금을 넣으면 맛이 좋아집니다.

그러나 지나치거나 부족하면 음식의 맛을 제대로 낼 수 없습니다.

학원의 과제는 소금과 같습니다.

지나쳐도 부족해도 안 됩니다.

우리의 학생은 '초딩'

주말 저녁 최고의 인기 TV 프로그램 '1박2일' 에서 가수 은지원씨의 애칭은 '은초딩'이었습니다.

'초딩'이라는 말은 원래 초등학생을 뜻하는 은어지만, 어려서 자기만 생각하고 책임감이나 개념이 별로 없는 사람을 의미하는 말로도 사용 되곤 합니다.

중요한 것은 우리의 고객인 학생이 '초딩'이라는 점입니다.

바로 앞에서 낙서를 하는 것을 보고 지적을 해도 자기는 하지 않았다 고 말하고, 바로 옆에서 친구들에게 욕하는 것을 듣고 지적해도 자기는 하지 않았다고 말하는 것이 '초딩'이라는 점입니다.

그런 행동이 좋은 것은 아니지만 악의적으로 만들어지거나, 의도적으 로 하는 것이 아니라 그들이 '초딩'이기 때문에 생기는 것임을 항상 생 각해야 합니다.

학생들과 대화할 때 그들이 '초딩'이라는 점을 항상 생각하십시오. 그 런 행동이 초딩의 공통적인 특성이라는 점을 항상 염두에 두고 그들과 대화해야 할 것입니다.

아이들이 말하는 방식은 어른과 다르다는 점을 항상 생각해야 합니 다.

저학년 학생들이 선생님이 갖고 있는 펜을 보고 '좋겠다.', '그게 뭐예 요?' 라고 말한다면 그것은 그들이 펜을 몰라서 묻는 것이 아니라 갖고 싶어서 그러한 것임을 알아야 합니다.

이처럼 말의 원래 뜻이 아니라 '초딩'의 의미로 말하고 행동하는 것에 익숙해지고 그들을 이해하려고 노력해야만 합니다.

그래야만 선생님의 관심과 애정이 학생들에게 전달될 수 있습니다. 어른들의 방식으로 그들을 이해하고 선생님의 마음을 표현한다면 그들은 선생님의 뜻을 이해하지 못할 수도 있습니다.

'초딩'을 가치르는 학원에서 선생님은 '초딩'을 이해하고 때로는 그들처럼 행동해야 합니다.

'초딩'은 우리의 가장 중요한 고객이기 때문입니다.

[강사와의 대화 노하우 11]

소중한 것은
지금 우리에게 배우는 학생

마케팅의 가장 기본적인 원칙 중 하나는 '기존 고객을 유지하라' 입니다. 신규 고객을 유치하는 것보다 기존 고객을 유지하는 것이 기업의 영속성을 유지하는 기반이며 비용면에서도 효과적이기 때문입니다.

우리 학원에서 배우고 있는 현재의 학생이 2~3년 동안 퇴원하지 않는다면 우리 학원의 규모는 그 사이 두 배 이상으로 성장할 것입니다. 그러나 다양한 이유로 인해 많은 학생들이 학원을 그만 두고 있습니다.

새로 등록한 학생이 학원에 제대로 적응하지 못하고 성적이 오르지 않는 것은 학생에게 문제가 있는 것이 아니라 우리에게 문제가 있다는 것을 전제로 문제 해결을 해야 합니다.

몇몇 학생들은 수업시간임에도 집중하지 못하고 멍한 상태로 있기도 하고 수업에 방해가 되는 학생도 일부 있습니다. 실제로 몇몇 학생이 퇴원한 다음 학원의 분위기가 좋아지기도 합니다.

그러나 학원에 잘 적응하지 못하는 학생의 문제는 교실에서 해결해야 합니다. 잘 적응하지 못하는 학생을 적응시키고 성적을 올리는 것이 학원의 과제이며 그것이 선생님의 역할입니다.

지금 선생님과 함께 수업하는 학생은 절대 학원을 그만두게 하지 않겠다는 생각을 가져야 합니다. 학생들이 절대로 내 교실의 문제로 인해 학원을 그만 둬서는 안 된다는 생각을 해야 합니다.

선생님의 강의 내용이 학생들이 이해하기에 너무 어렵거나 단순 반복하는 것은 아닌지, 너무 빨리 진도가 나가는 것은 아닌지 등 수업내용과 강의 방식 등에 대해 생각해 보아야 합니다.

고객인 학생들이 원하는 것이 무엇인지 생각해 보고 그들이 즐겁게 학원을 다니고 성적도 오르는 경험을 하게 해야 합니다.

특히, 초등 고학년과 중학생의 경우 학부모의 힘이 점차 약해지고 학생 본인의 생각이 강해지는 시기입니다. 그들은 어느 선생님이 잘 가르치고 어느 학원이 더 좋은 지 스스로 판단할 수 있습니다.

지금 우리에게 배우는 학생들이 가장 소중한 학생입니다. 아직 오지 않은 학생들을 위해 에너지를 남기는 것 보다는 지금 교실에서 배우고 있는 학생에게 에너지를 쏟아야 합니다.

그러나 그 에너지가 너무 과해서 오히려 독이 되어서는 절대로 안 됩니다. 아이들에 대한 열정이 강할수록 과욕이 생길 수도 있습니다. 그 과욕은 짜증이나 호통으로 이어질 수도 있습니다.

호통이나 체벌, 페널티만으로는 문제를 해결할 수 없습니다. 학생에게 칭찬할 일이 생기면 바로 해주시고, 칭찬할 일이 없으면 칭찬할 것을 만들어서라도 칭찬해 주십시오.

그러나 호통을 치거나 쓴 소리를 해야만 할 때는 잠시만 쉬었다 하십시오. 아이의 성향을 생각하고 학년을 생각하고 다른 아이들의 눈빛을 보고, 교사로서 해서는 안 되는 말은 절대로 하면 안 됩니다.

학생에게 한 말은 결코 되돌릴 수 없습니다.

우리의 한 마디 한 마디가 아이들에게 큰 힘이 될 수도 있고 상처를 줄 수도 있다는 점을 다시 한 번 생각해야 하겠습니다.

지금 우리와 함께 하는 학생이 가장 소중한 학생이라는 것을 항상 생각해야 합니다.

[강사와의 대화 노하우 12]

학생 입장을 배려하는 커뮤니케이션

사람과 사람 사이에서 이루어지는 커뮤니케이션은 때로는 오해를 불러올 수도 있습니다.

듣는 사람이 말하는 사람의 의도와는 다른 뜻으로 해석한다면 전혀 예기치 않는 일이 발생될 수도 있습니다. 이런 경우 차라리 아무 말도 하지 않는 것이 더 좋을 수도 있습니다.

학원 내에서 교사와 학생간 커뮤니케이션도 마찬가지로 구체적이고 명확해야만 합니다. 선생님과 학생의 커뮤니케이션이 명확하게 이루어지지 못한다면 학생과 학부모에게 전달되어야만 하는 내용이 본래의 의도와는 다르게 전달될 수도 있습니다.

너무 추상적으로만 전달할 경우 학생과 학부모는 학원에 대해 오해할 수 있고 이것은 심각한 문제로 악화될 수도 있습니다.

수학 문제를 풀 때 '고민해서 풀어라', 단어 암기를 '효율적으로 해라'라는 식의 말을 해서는 안 됩니다. 어떻게 고민할 것인지, 어떤 방법이 효율적인지 방법을 구체적으로 알려주어야 합니다. 학생과의 대화는 성인과의 대화보다 더 구체적이고 자세한 설명이 필요합니다.

어버이날을 맞아 영어로 어버이날 카드를 만든 학생들이 '이거 언제 엄마 주면 되요?'라는 질문을 원장님에게 합니다. '하루 100번 이상 말하기' 온라인 숙제를 오늘 3백번 했는데 '내일은 안 해도 괜찮지요?'

이런 질문을 수업을 하지 않는 원장님에게 하는 것은 담당 선생님이 교실에서 아이들에게 정확하고 구체적으로 설명하지 않았기 때문입니다.

과제물 점검이나 수업 진행할 때 교사의 입장이 아니라 학생의 입장에서 스스로의 방식을 점검해 보십시오. 숙제를 내주는 것, 숙제를 점검하는 것, 온라인 학습 하는 것을 학생들 입장에서 생각해보고 개선점을 찾으십시오.

학생들이 과제를 빠뜨리지 않고 해오길 기대한다면 학생의 입장에서 다시 한 번 생각하십시오. 내일 검사할 과제가 있다면 수업 마치기 바로 전에 학생에게 다시 공지하는 것만으로도 효과를 낼 수 있습니다.

수요일에만 나가는 과제는 화요일 배포하면 아이들이 과제를 빠뜨리는 일이 줄어들 것입니다. 숙제를 안 한 학생만 탓하기 전에 미리 전날 공지를 하거나 혹은 과제 알림장을 효율적으로 만들었다면 학생들의 과제 수행률을 더 높일 수 있을 것입니다.

아이들의 수준에서 생각하고 아이들 수준으로 대화하도록 노력해 주십시오.

[강사와의 대화 노하우 13]

학생에게는 항상 즐거운 모습만

사람이 세상을 살다보면 항상 즐거울 수는 없습니다. 개인적인 일로 인해 하루 종일 사소한 것에도 짜증을 내는 경우도 있습니다.

그러나 선생님은 수업이 시작되면 개인적인 감정을 학생에게 보이면 안 됩니다. 물론 수업시간 발생한 일로 인해 잠시 화를 낼 수 있지만 사적인 일에 의한 감정이 학생에게 보여지면 안 됩니다.

화내는 것도 수업의 일부일 수 있지만 교실에 들어서기 전의 개인적인 감정이 강의에 표출돼서는 안 되고 학생들이 선생님의 심란한 마음을 느끼게 해서는 안 됩니다.

'오늘 우리 쌤 왕짜증이군, 노처녀 히스테리야', '오늘 집에 무슨 일 있었나봐.' 등 학생들은 학원 문을 나서면서 중얼거리게 됩니다.

백화점 직원이 고객을 맞으면서 인상을 쓰고 있다면 고객은 그 매장에 들어가지 않습니다. 종업원이 짜증을 내는 식당에서 식사를 한다면 손님은 음식의 맛을 제대로 느낄 수 없으며 오히려 빨리 식사를 마치고 나가고 싶은 마음일 것입니다.

마찬가지로 우리의 고객인 학생에게 교사가 짜증을 내고 사소한 것에도 소리를 지른다면 학원을 싫어하는 마음이 생기는 것은 당연합니다.

학생은 우리의 소중한 고객입니다. 나이가 어리지만 소중한 우리의 고객입니다.

방송인들은 애인과 이별을 해도 그날 방송에 임합니다. 어떤 방송인은 이별 발표가 난 그날에도 방송촬영을 하기도 했습니다. 그들이 슬픔과 짜증을 낼 줄 몰라서가 아니라 그것이 '일'이기 때문입니다.

인기 TV 프로그램인 〈무한도전〉은 긍정 특집을 가끔씩 합니다. 긍정 특집을 할 때는 아무리 힘들어도 무조건 긍정적인 표정과 말을 해야만 합니다.

한 겨울 옷을 벗기고 몸 안으로 눈을 넣어도 웃어야 합니다. 촬영중 넘어져 부상을 당해도 웃어야 합니다.

그러면서 외칩니다.

"행복해서 웃는 것이 아니라, 웃어서 행복합니다."라고.

학생들에게 항상 웃는 모습만 보여 주시기 바랍니다.

[강사와의 대화 노하우 14]

학생과 학부모의 자존심 존중하기

학생에게 '너는 무슨 대학 갈 거야?' 라고 물을 때 초등학생은 '서울대', 중학교 학생은 '서울대, 연세대, 고려대', 고등학생은 'In Seoul 학교'가 목표라고 얘기한다고 합니다. 나이를 먹어가면서 스스로를 판단하고 현실을 제대로 파악하는 능력이 생기는 것입니다.

마찬가지로 고학년이 될 수록 학생들의 자존심도 강해집니다. 저학년인 경우 학원에서 크게 울어도 사탕 몇 개나 아이스크림 하나면 어렵지 않게 해결할 수 있습니다.

그러나 고학년인 경우 말로 설득하고 선물로 공세해도 여간해선 그들의 마음을 되돌리기 어렵습니다.

학부모는 자녀가 유치원 때는 영재라 생각하기 쉽고 초등학교까지도 서울대는 당연한 것이라 생각하는 경우가 많습니다. 중학교 이후 과목별로 석차와 퍼센트가 나오면서 자녀의 현실을 파악하기 시작합니다.

고학년이 되면서부터는 시험을 보고 난 뒤 서로의 성적을 얘기하지 않습니다. 학부모들도 남들에게 자녀의 성적을 제대로 얘기하지 않습니다. 남과 비교되는 것으로 인해 본인과 학생의 자존심에 상처받지 않기를 원해서입니다.

이처럼 자존심에 상처받기 쉬운 학생과 학부모가 학원으로 인해 혹은 학원에서 발생되는 일로 인해 자존심을 상하게 되면 자존심을 지키기 위해 학원을 그만 두게 됩니다.

아직까지 급한 것이 없는 초등 중등학생에게, 자녀의 무한한 가능성을 믿고 과대평가하는 학부모에게 그들의 자존심을 상하게 한다면 학원을 떠나게 될 뿐입니다.

학원에서는 학생들 스스로 자존감을 가질 수 있도록 칭찬을 많이 해주십시오. 대신에 학생의 자존심을 건드리는 말과 행동은 절대 해서는 안 됩니다. 학생들을 혼낼 때도 '학생은 자존심을 가진 존재'라는 것 생각하십시오.

높은 수준반으로 올라갔다가 제대로 적응하지 못한 학생이 할 수 있는 선택은 별로 없습니다. 전에 했던 반으로 다시 갈수도 없습니다. 그들이 자존심을 지키는 유일한 방법은 학원을 그만 두는 것뿐입니다.

학원을 다니면서 선생님과의 관계에서 또는 학생들 사이에서 벌어지는 일로 인해 자존심에 상처를 입은 학생이 선택할 수 있는 선택도 이와 마찬가지입니다.

반을 옮기거나 학원을 옮기거나 하는 방법을 통해 자신의 자존심을 지키고자 하는 것이 인지상정입니다.

학부모와 상담 시에도 학부모의 자존심을 생각해야만 합니다.

반에서 1등을 하길 원하는 학부모에게 '어머님 자녀는 1등 수준이 아닙니다.'라고 직설적으로 상담한다면 그 학부모는 당장 학원으로 찾아올 것입니다.

일부 교사의 직설적인 표현으로 인하여 학부모에게 항의를 받기도 합니다. 학부모는 자녀의 가능성을 믿고 있으며 학원은 그 가능성을 현실화 시키는 것을 업으로 합니다.

따라서 우리가 그들의 자존심이 상하지 않는 언어와 표현을 사용해야 함은 너무나 당연합니다.

선생님이 유명 백화점에 갔는데 직원이 '손님 사이즈 옷은 우리 백화점에 없어요.' 라고 한다면, '손님 55 사이즈는 안 맞아요, 77도 작을 것 같은데'라고 한다면 어떻게 할 것인가 생각해 보십시오.

학생과 학부모도 마찬가지입니다.

수업 시간에는 학생에게 100% 몰입

백화점이나 할인점 계산대에서 사적인 전화를 하면서 업무를 처리하는 직원은 거의 없습니다. 그런 경우 징계 사유가 되어 회사에서 징계를 받기 때문입니다.

그러나 동네 슈퍼마켓에서는 너무 흔하게 볼 수 있습니다. 계산하는 분이 직원인 경우에도 징계될 가능성은 거의 없고 주인과 가족 관계인 이 계산대에 있다면 징계 자체가 불가능합니다.

물건을 사러가는 고객입장에서 어느 경우가 더 대접받고 있는지 느끼게 됩니다.

우리 학생들과 학부모도 그런 판단을 할 수 있습니다. 따라서 수업 중에는 학생에게만 집중하여 학생들이 우리 학원에서 배려 받고 대접받는 느낌을 받을 수 있어야 합니다.

교사가 수업시간에 사적인 전화를 걸고 받는 경우 학생들 또한 그렇게 할 수 있습니다. 학생에게는 교실에서 전화를 사용하지 못하게 하고 교사는 '급한 일'이라며 전화를 받으면 학생도 '급한 일'이라는 핑계를 대고 문자를 보낼 수도 있습니다.

수업시간에 택배를 처리하는 경우도 마찬가지입니다. 택배를 받거나 반품한다고 수업을 중단하는 경우 학생들은 집중력을 잃게 되며 스스로 대우받지 못한다고 느끼게 됩니다.

또한 수업에 필요한 워크시트 및 시험지는 수업 전에 준비하여 수업 중간에 복사하는 시간도 줄여야 합니다.

학생들에게 문제를 풀고 있으라고 시키고 그 시간에 복사하면 학생들은 그 시간에 친구들과 떠들고 놀게 됩니다.

선생님이 다시 교실로 들어갈 때 떠드는 학생이 있으면 선생님은 화를 내고 그 학생을 혼내게 됩니다. 그러나 원인제공은 선생님이 한 것입니다.

교사가 자리에 없다면 학생들의 집중력은 급격하게 떨어지는 것은 당연합니다. 선생님이 없는 교실에서 스스로 집중해서 문제를 푸는 학생은 소수에 불과할 뿐입니다.

교사가 자리를 비운 원인이 미리 수업준비를 제대로 하지 않아서라면 학생 탓을 할 것이 아니라 스스로를 반성해야 합니다.

교사는 수업이 시작되면 오로지 학생과의 수업에만 집중해야 합니다.

개인적인 일상은 수업 전후에 처리해야 하며, 수업시간에 필요한 자료도 미리 준비하여 수업시간에는 학생에게 100% 집중해야만 그들도 우리에게 집중할 수 있습니다.

[강사와의 대화 노하우 16]

보충보다는 정규 시간에 집중하기

학원에서 항상 보충하는 학생들이 있습니다. 항상 보충을 진행하는 선생님도 있습니다. 보충을 열심히 하는 학생들을 보면 착하다고 칭찬하며 사탕도 하나 주고, 보충을 하는 선생님을 보면 급여 인상도 생각해 봅니다.

그러나 과연 보충이 정말 좋은 것일까요?

보충을 좋아하는 학생이 있을까요? 친구들과 함께 하는 보충은 그나마 괜찮지만 다른 학년과 섞어서 하는 보충이라면 정말 싫어합니다.

그렇다면 학부모는 보충을 좋아할까요? 적당한 수준의 보충을 해주기 때문에 학부모가 좋아하고 우리 학원을 선택하는 경우도 있을 것입니다. 학부모로부터 '보충을 많이 시켜줘서 좋다.'는 식의 평가를 받는 경우도 있습니다.

교육청에서 실시하는 강사교육에서 정해진 시간을 넘겨 보충교육을 한다면 그 교육은 항의로 제대로 진행될 수 없을 것입니다.

학생과 학부모 역시 교육생의 입장이 됐을 때의 선생님과 입장이 같을 것입니다.

애초에 정해진 수업시간을 공부하고 자녀의 성적이 오르는 것을 학부모는 희망합니다. 그래야 다른 시간에 친구들과 놀 수 있고 다른 학원에 갈수도 있기 때문입니다.

물론 학교시험을 목전에 둔 경우라면 보충이 필요하겠지만 시험기간이 아닌 경우는 보충을 통한 학습보다는 정규수업 시간에 확실하게 하는 것이 중요합니다.

정해진 시간 안에 계획했던 학습목표를 학생들이 달성할 수 있어야 합니다. 정해진 시간 내에 학습목표를 달성하지 못한 학생이 다수 발생된다면 그것은 학생의 문제가 아니라 선생님이 학습목표를 잘못 설정한 것입니다. 10명의 수강생 중 3,4명이 보충을 해야 한다면 그날의 학습목표 설정에 문제가 있는 것입니다.

학원이 학교와 달리 장점을 갖고 있는 것이 무엇입니까?

학생수준에 맞는 수준별 맞춤수업입니다. 정규수업에 열심히 임했던 학생 중 3,40%가 보충을 해야 한다면 학습목표가 학생과 맞지 않는 것이며 학부모에게 약속했던 수준별 학습이 지켜지지 않는 것입니다.

보충수업은 결석생 등에 한하여 실시하는 것을 원칙으로 삼고, 정규시간에 수강생 대부분이 달성할 수 있는 학습목표를 설정하고 강의하는 것이 중요합니다.

또한 수업을 힘들어 하는 학생을 보충할 때는 그 학생이 보충에 집중할 수 있는 여건을 만들어 주는 것이 중요합니다. 과제 미이행 등으로 페널티를 받는 학생은 교실 밖에서 하도록 하고, 교실에는 정규수업을 힘들어 하는 학생에 한하여 보충수업이 이루어져야 합니다.

매일 오는 학원에서 매일 보충을 하는 것도 쉬운 일이 아닙니다. 관리상 어려움도 있지만 보충을 해야 하는 학생과 예정된 시간을 넘김으로 인한 학부모의 관리의 문제도 어려운 과제입니다.

보충시간은 정규수업 시간 이상을 넘어서는 안 되며 보충하는 아이들을 꼭 챙겨서 제한 시간을 넘기지 않도록 해야 합니다. 학생에게 보충을 지시하고 관리하지 않아 오랫동안 학원에 학생들을 방치하는 경우도 있습니다.

계산력이 부족한 학생에게 문장제 문장의 보충이나, 단어가 약한 학생에게 문장 암기를 시키는 것, 단어를 읽지 못하는데 문장을 암기시키는 보충은 소중한 시간을 헛되이 보낼 뿐입니다.

이런 잘못된 보충은 학생들에게 빨리 학원을 그만두라고 강요하는 것일 뿐입니다.

보충수업은 필요악입니다. 너무 지나치셔도 안 되고 너무 부족해서도 안 됩니다.

칭찬이 선수를 춤추게 하는 진리

몇 해 전 특별한 스타가 없는 평범한 선수들로 구성된 프로농구팀이 예상을 뒤엎고 우승을 차지했습니다.

전문가들은 그 팀의 우승 요인을 '선수들에 대한 감독의 칭찬'으로 분석했습니다. 스타가 거의 없는 팀이 스타가 즐비한 팀을 이기고 우승한 원동력은 바로 감독의 '칭찬'이었습니다.

칭찬은 고래를 춤추게 한다는 유명한 책을 거론하지 않더라도 칭찬은 많은 분야에서 다양한 성공사례를 만들고 있습니다. 어렸을 적 선생님의 칭찬 한마디가 자신의 성공의 밑거름이 됐다는 유명인의 인터뷰를 어렵지 않게 찾을 수 있습니다.

지금 우리에게 배우는 학생 중 나중에 성공의 밑거름을 '초등학교때 영어학원 선생님의 칭찬'으로 돌리는 학생이 있을지 진지하게 생각해 봅시다.

과연 선생님들은 학생들에게 성공의 밑거름을 만들 만큼 칭찬을 자주 하는지 생각해 봐야 할 것입니다.

칭찬이 모든 문제를 해결할 수는 없지만 칭찬을 통해 문제 해결을 더 빨리, 더 효과적으로 할 수도 있습니다.

자주 숙제를 빼뜨리고, 너무 자주 교재를 놓고 오고, 과제가 매번 부족한 학생은 선생님의 칭찬이 부족해서 그럴 수도 있습니다.

칭찬이 아니라 질책에 익숙해지면 '한 번 혼나고 말지'라며 너무 일찍 스스로 포기할 수도 있습니다.

선생님들이 칭찬하지 않으면 학생들은 '우리 쌤은 맨날 화만 내고 맨날 짜증이야' 라고 학생 스스로 만든 교사의 나쁜 이미지를 더욱 강화시킬 것입니다.

어떤 학생이 해야 할 과제 3개 중 2개만 하고 하나를 하지 못했습니다. 평소에 칭찬을 자주하는 교사라면 과제 3개중 2개만 해 온 학생에게 먼저 2개를 해 온 것에 대해 칭찬하고 나머지 하나를 더 잘 할 수 있도록 격려하게 됩니다.

그 학생은 선생님에게 칭찬받은 것을 기억하고 수업시간에 열심히 참여하게 됩니다.

반면 칭찬에 인색한 교사의 경우 과제 3개중 하나를 하지 않는 것에 질책만 하고 과제를 완료하지 못한 것에 대한 페널티와 10분 보충을 부과합니다.

그 학생은 수업 후 남아서 보충할 것이 벌써부터 걱정입니다. 기분이 좋지 않아 수업시간 내내 수업에 집중할 수 없습니다.

똑같이 3개중 2개를 했어도 칭찬받는 학생이 있는 반면 페널티를 받을 받는 학생이 있습니다. 칭찬을 받은 학생은 학원 생활을 즐겁게 보내지만 보충을 해야 하는 학생은 학원이 즐겁지가 않습니다.

칭찬을 받을 만한 행동을 해야만 칭찬을 하는 선생님도 있습니다. 그러나 칭찬은 받으면 받을수록 기분이 좋습니다. 칭찬 받을 행동이 없다고 해도 사소한 것에 칭찬 해주십시오.

성적이 좋지 않은 학생은 칭찬 받을 일이 별로 없습니다. 학교에서는 선생님으로부터, 집에서는 엄마에게 혼나는 경우가 많습니다.

그런데 학원에서만은 칭찬을 받는다고 생각해 보십시오. 학원 선생님이 본인을 칭찬한다면 무슨 일이 있어도 학원을 빠지거나 과제를 안 해

오는 일을 없을 것입니다.

　다른 곳에서는 칭찬을 받지 못하는데 학원에서는 칭찬을 자주 받는다면 그 학생은 우리 학원의 마니아가 될 것입니다.

　그렇게 학원 생활을 즐겁게 하다보면 성적향상도 저절도 이루어질 것입니다. 학원 생활이 즐거워지고 성적이 오르면 학교와 집에서도 칭찬을 자주 받게 될 것입니다.

　아무리 성적이 안 좋아도 가끔씩 잘 푸는 문제가 있습니다. 그때 칭찬해 주십시오. 수업 준비가 부족한 학생도 가끔은 숙제를 해오고 글씨를 예쁘게 쓸 때도 있습니다. 그럴 때마다 적극적으로 칭찬해 주십시오.

　페널티로는 팀을 우승시키지 못하지만 칭찬으로는 팀을 우승시킬 수 있습니다.

[강사와의 대화 노하우 18]

약속을 잘 지키는 교사

　학원에서 학생과 학부모를 대상으로 한 약속은 반드시 지켜져야 합니다.

　약속을 지키기 위해서는 그 약속을 지키려는 의지가 있어야 함은 물론이고 처음부터 실현 가능한 부분만 약속해야만 합니다.

　우리가 신규생 등록을 위해 실현 불가능한 약속을 하거나 학부모에게 지킬 수 없는 약속을 한다면 단기간에는 효과를 낼 수 있을지 몰라도

장기적으로는 부정적인 효과를 나타낼 것입니다.

학부모와의 약속을 제대로 지키기 위해서는 학부모가 진정 원하는 바를 확인하여 그 부분을 약속해야 합니다. 하지만 학부모의 마음을 제대로 알기는 쉽지 않습니다.

학부모는 상담할 때 학생의 수준을 정확하게 설명하지 않거나 부풀려서 설명하기도 하는 등 실제와는 다른 경우가 많기 때문입니다.

반면 학생에게 관심을 기울이면 학생과 학부모에 대해 좀 더 명확히 알 수 있습니다. 언제부터 학원을 다녔는지, 성적표를 보고 어떤 반응을 하셨는지, 우리 학원이 아닌 다른 학원에 관해 어떤 얘기를 하는지 등을 종합한다면 학생을 통해 학부모의 마음을 추론할 수 있습니다.

학생을 통해 알게 된 학부모의 마음을 읽을 수 있다면 학생을 통해 우리의 노력을 전달해야 합니다. 우리가 학부모님과의 약속을 지키기 위해 진심으로 노력한다는 것을 학부모가 느낄 수 있도록 해야 합니다.

성적은 쉽게 늘지 않지만, 학생에 대한 관심과 배려는 조금만 강화해도 학생과 학부모가 느낄 수 있습니다. 우리가 약속을 지키기 위해 노력하는 모습은 성적향상 만큼이나 학부모에게 중요한 것입니다.

그리스 신화에는 무리한 약속으로 아들을 잃은 아폴론의 이야기가 있습니다. 아폴론은 인간과의 사이에 태어난 자신의 아들에게 무엇이든 소원을 들어주겠다는 약속을 합니다.

아들은 태양마차를 태워달라고 하는 무리한 요구를 합니다. 신이 한 약속은 무조건 지켜야만 했기에 아폴론은 결국 아들에게 태양마차를 몰게 합니다. 스스로 통제할 수 없는 태양마차를 몰던 그 아들은 태양에 너무 가까이 접근해 결국 타죽고 맙니다.

아무 생각 없이 학부모와 학생에게 약속을 하면 그 약속의 화살은 학원을 향해 돌아올 수 있습니다. 약속을 할 때는 반드시 약속을 지킨다는 생각으로 해야 하며 일단 약속한 것은 어떤 경우라도 지킨다는 마음이 있어야 할 것입니다.

[강사와의 대화 노하우 19]

학부모가 신뢰하는 교사

4학년과 6학년인 자녀를 동시에 2박3일의 학교 행사에 보낸 학부모가 있습니다.

4학년 자녀의 담임교사는 '학부모님 목적지에 잘 도착했습니다. 행사를 마치고 학교에 도착했습니다.'라는 문자를 학부모에게 보냈습니다. 반면 6학년생의 담당교사는 행사 기간 내내 아무런 문자도 보내지 않았습니다.

만약 여러분들이 두 자녀를 둔 학부모 입장이라면 어느 담임교사를 더 신뢰하겠습니까?

학부모에게는 자녀가 세상의 무엇과도 바꿀 수 없는 소중한 존재입니다. 정말 소중한 자녀의 상태가 어떤지, 어떻게 공부하는지, 어떻게 진전이 있는지 알고 싶고 확인 받기를 원합니다.

학부모에게 세상의 무엇과도 바꿀 수 없는 소중한 자녀를 우리는 가르치고 있습니다. 우리 또한 그들을 학부모만큼이나 소중하게 생각해야 하며 우리의 마음과 노력 역시 학부모에게 전달되어야 합니다.

누군가를 사랑한다면 '사랑해'라고 말하고 사랑스럽게 행동해야 합니다. 사랑한다고 말하지 않고 사랑하는 마음으로 행동하지 않으면 내가 소중하게 생각하는 그 사람은 내 곁을 떠날 수밖에 없습니다.

지금 우리와 함께 하는 학생들은 정말 소중한 존재들입니다.

우리는 학부모에게 신뢰를 지속적으로 받아야만 그 소중한 학생들의 스승이 될 수 있습니다.

[강사와의 대화 노하우 20]

학부모와 상담 시
학생의 미래를 얘기하십시오.

과거에 공부를 잘했던 학생의 학부모들은 화려한 지난 일을 기억하고 있지만 자녀의 성적이 낮았던 과거를 기억하고 싶어 하지 않습니다.

학부모들은 단지 학생들의 미래에 관심이 있을 뿐입니다.

학부모들은 이번 기말고사에는 몇 점을 맞을지, 중학교 가면 몇 등을 할지, 특목고에 갈 수 있을지 등 자녀의 미래에만 관심을 갖고 질문하시곤 합니다.

따라서 우리가 학원에서 학부모와 상담할 때도 과거가 아닌 미래에 중점을 두고 상담해야 합니다.

현재 학생의 수준에 맞는 교재와 성적을 보여주고 앞으로 몇 달 후 배워야 할 교재와 1~2년 후 사용되는 교재를 보여줌으로써 자녀의 실력이 얼마나 늘 것인가를 보여주어야 합니다.

언제쯤 수강반 조정이 되고 그 후 어떤 학습을 하게 되는지를 학부모와 학생에게 알려 주어야만 향후 몇 달간의 계획을 학부모가 세울 수 있습니다.

학부모에게 학생의 미래를 얘기하기 위해서는 선생님이 학생들의 미래와 선생님의 학습계획에 대해 평상시에 생각해야만 합니다.

한 번도 내년의 학생들의 학습 진도를 생각해보지 않았다면 학부모에게 학생의 미래를 얘기할 수 없습니다.

그러나 너무 먼 미래를 얘기하면 학부모에게 공감을 얻을 수 없습니다. 학원이 자녀의 미래를 소중히 준비하고 있다는 느낌을 줄 수 있을 정도로 구체적인 가까운 미래에 대한 계획을 얘기해야 합니다.

학부모는 학원이 자녀의 미래를 준비하고 있는지 궁금하며 학원과의 대화를 통해 자녀의 미래를 스스로 예측하게 됩니다.

물론 학생의 미래는 희망적이어야 합니다. 학부모에게 절망적인 미래를 얘기한다면 학부모는 당장 학원을 그만 둘 것입니다.

만약 선생님들이 학부모와 상담과정에서 미래가 아닌 현재의 현상만을 얘기한다면, 자녀의 부정적인 면만 부각되고 자녀의 미래가 어둡게 예측된다면 학부모는 자녀의 미래를 생각하는 다른 학원을 생각할지도 모릅니다.

오늘을 기반으로 항상 미래를 생각하십시오.

'말하는 대로' 꿈이 이루어질 수 있습니다.

학부모가 원하는 것은
즐겁게 공부하면서 성적이 오르는 것

학원생이 등록하고 난 뒤 맨 처음 학부모로부터 가장 듣고 싶은 말은 '아이가 학원 다니는 것을 즐거워해요'라는 말입니다. 학원을 다닌 지 6개월 이상 다닌 학생의 학부모에게는 '실력이 늘었고 성적이 올랐다'는 말입니다.

학원에 등록하자마자 성적이 오르면 좋겠지만 신입생이 학원에 잘 다니고 학원 다니기가 즐겁다면 성적은 저절로 오르게 됩니다. 다니기 싫은 학원을 억지로 다니면서 실력이 늘기를 기대할 수는 없습니다.

학원 다니는 것이 재미있으려면 친구들과의 사이도 좋아야 하고, 선생님과의 사이도 좋아야 합니다.

학생들 사이의 관계는 통제하기가 쉽지는 않지만 선생님이 최대한 노력을 한다면 최소한 '같은 반 애들(형들) 때문에 학원 다니기 싫다'고 하는 사태는 막을 수 있습니다.

초등학교 학생을 둔 학부모들이 학원에 바라는 가장 핵심적인 의견은 자녀가 즐겁게 학원을 다니면서도 공부를 잘하는 것입니다.

특별한 목표를 두고 아주 어려운 시험을 준비하는 경우를 제외하면, '그 학원가기가 정말 싫다'는 자녀의 투정이 계속된다면 학부모는 결국 그 투정을 받아들일 수밖에 없습니다.

'영어학원'에 가면 항상 재미있는 것은 아니지만 오늘은 진짜 즐거운 날입니다. 왜냐하면, '포인트를 받는 날이거든요, 한 달에 한번 아이스

크림 파티 하는 날이거든요, 오늘 영어 끝말잇기 게임해서 이기면 포인트를 추가로 받아요.'

학원으로 향할 때 그런 기대감을 갖고 오고 학원에서 즐거움을 느낀다면 그 학생의 성적은 자연스럽게 오를 것입니다.

아이들이 원하는 그런 즐거운 학원을 만드는 것은 바로 선생님의 몫입니다.

[강사와의 대화 노하우22]

Zero Base 원칙

국가나 기업에서 내년도 예산을 계획할 때 가장 기본이 되는 원칙은 Zero Base 기준으로 예산을 작성하는 것입니다.

올해 100을 사용했으니 내년에는 몇 3% 상향하여 103을 사용하겠다는 방식이 아니라, 올해 사용내역과 상관없이 내년에 해야 할 일의 소요 예산을 추정하여 Zero 부터 시작하여 예산을 세우는 원칙입니다.

그러나 실제로는 올해 집행된 예산보다 항상 많은 예산이 배정되는 사례가 더 많습니다. 시나 국가의 예산이 줄어든 적은 거의 없었습니다. 그동안 해왔던 일을 관행적으로 계속하기 때문에 예산은 계속적으로 확대되고 있습니다.

가끔씩 감사원에서 불요불급한 지출에 대한 감사결과가 보도 되지만 고쳐지지 않습니다. 새로운 것을 시도할 때 과거의 것을 버려야 함에도 그렇지 못하기 때문일 것입니다.

우리도 그러고 있는지 생각해 봐야 하겠습니다.

'작년에도 했고 올해도 했는데 큰 문제가 없었으니까 내년에도 그대로 해야지' 하는 생각은 항상 예산을 증가시키는 자치단체와 다를 바가 없습니다.

어제도 괜찮고 오늘도 괜찮았으니 내일도 괜찮을 것이라는 생각을 버리고, 내일의 변화를 예상하고 내일은 어떤 것을 사용해야 하는지를 먼저 생각해야 합니다.

내일 사용할 것은 기존 것을 그대로 사용하는 것이 아니라 예측된 변화에 적합하게 기존의 것을 수정하거나 새로운 것을 만들어야 합니다.

한때 수영에서 온 몸을 감싼 첨단 전신 수영복이 유행한 적이 있습니다. 전신 수영복을 입은 세계 최강자 펠프스 선수는 한 대회에서 몇 개의 세계신기록을 수립하기도 했습니다.

그러나 스포츠가 선수의 노력이 아닌 과학의 발전에 끌려 다닌다는 논란으로 인해 지금은 착용이 금지됐습니다.

전신 수영복 착용이 금지된 이후에도 전신 수영복 착용 시의 수영법을 버리지 못한 선수는 좋은 성적을 거두지 못한 경우가 많았습니다.

반대로 전신 수영복 금지 이후 그동안 상대적으로 랭킹이 낮았던 선수들이 우승한 사례들도 있습니다.

세상은 빠르게 변하고 있습니다.

어제의 성공사례가 내일을 보장하지는 않습니다. 어제 오늘 잘 활용한 자료는 그저 참고자료로 폴더에 보관하시고 내일의 성공사례를 만들기 위해 새로운 자료를 찾아보십시오.

내일을 위한 성공자료는 선생님이 직접 만드는 것이 아니라 미래를 준비한 선구자들에 의해 만들어져 인터넷과 서점에 있습니다.

우리는 그들의 연구와 선견지명에 감사하며 그들의 것을 잘 활용하면 되는 것입니다.

항상 새로운 것을 쓰겠다고 생각만하면 됩니다.

서점에는 항상 새로운 교수법과 활용할 자료들이 등장합니다.

신무기가 매일 등장하는 서점에서 내일을 위한 선생님만의 강력한 무기를 찾기 바랍니다.

[강사와의 대화 노하우 23]

학원의 test는
평가가 목적이 돼서는 안 됨

영어 수강생들이 가장 힘들어 하는 것이 바로 단어시험입니다. 매일 테스트를 하고 결과가 바로 나오기 때문에 대충 넘어갈 수도 없고 선생님께 봐달라고 애원도 하지만 점수가 나오는 평가이기 때문에 통과하지 못하면 재시험을 피할 수 없습니다.

이처럼 중요한 단어시험을 준비하는 학생들을 보면 기특하다는 생각도 들지만 준비과정을 살펴보면 즐겁지만도 않습니다.

일부 학생들은 단어도 제대로 읽을 수 없는데 시험 준비만 하는 경우도 있고 우리 말 뜻도 이해 못하면서 시험만 통과되면 바로 집에 가는 경우도 있습니다.

우리 학원에서 학생들이 매일 치르는 영어 단어시험은 단순히 시험을 위한 시험이 아니라 학생들의 실력 향상을 위한 시험이 되어야 합니다.

학원에서 단어시험을 매일 보는 것은 학생들의 영어 실력을 높이기 위해서입니다. 최소한 오늘 배운 단어를 읽을 수 있고 그 뜻을 우리말로 정확하게 설명할 수 있어야 온전히 자기 것으로 만들 수 있습니다.

선생님도 모르는 우리말로 된 단어 뜻을 학생들에게 외우게 해서는 안 됩니다. 최소한 단어시험 보기 전에 단어를 읽는 훈련과 그 단어가 의미하는 우리말 뜻을 확실하게 가르쳐준 다음 테스트해야만 학생들이 확실하게 알 수 있습니다.

매일 시험을 치르고 채점을 하고 결과를 알려주어야 하는 일정상의 문제 때문에 혹은 매너리즘 때문에 생각 없이 시험만 치러서는 안 됩니다.

형식적으로 무조건 하루에 몇 개의 단어를 테스트 하는 것은 학생들에게 스트레스만 받게 할뿐 실력향상에는 전혀 도움이 되지 않을 것입니다. 테스트에 대해 다시 한 번 생각하고 실시해 주시기 바랍니다.

[강사와의 대화 노하우 24]

우리의 노력이
학부모에게 전달돼야 함

학원에서 영어일기 쓰기 수업을 몇 달 전부터 진행되고 있는데 학부모는 우리에게 영어일기 쓰기 교육을 해 달라는 말씀을 하십니다.

이미 문장제 문제 강의가 주 1회 진행되고 있는데 문장제 수업을 요청하는 학부모도 계십니다.

우리가 실시하고 있는 수업을 학부모들이 요청을 하는 것은 학원에서 우리가 하는 노력이 제대로 전달되지 못했거나, 우리의 학습법이 맘에 들지 않는다는 것을 의미합니다.

학부모에게 좋은 평가를 받기 위해서는 학생을 위한 우리의 노력이 학부모에게 제대로 전달돼야 하며 학부모가 원하는 방향으로 운영되어야 합니다.

우리는 어버이날 영어로 카드를 써서 학부모에게 전달하게 하지만 그마저도 학생이 쓴 카드가 학부모에 전달되지 않는 경우가 있으며 심한 경우 학생 가방에 방치되는 것도 본 적이 있습니다.

원장이 학생들을 위해 노력하는 선생님의 활동과 정성을 알지 못하면 선생님에 대해 정확한 판단을 할 수 없습니다, 학부모와 학원의 관계도 이와 같습니다.

우리가 얼마나 정성을 다해 자녀의 교육을 위해 노력하는지 그 정성이 학부모에게도 전달되어야 합니다.

물론 보여주는 것이 전부는 아니지만 성적향상을 위한 우리의 노력을 학부모에게 전달하지 못했을 때 단 한 번의 성적하락에도 학부모는 학원을 떠날 것입니다.

반면에 평상시 우리의 노력을 알고 있는 학부모라면 학생의 성적이 빠르게 오르지 않더라도 우리에게 다시 한 번 기회를 줄 것입니다.

사랑하는 이가 있다면 사랑하는 마음을 그 사람이 느낄 수 있어야 합니다. 그래야만 사랑을 얻을 수 있습니다. 그 사람이 사랑을 느끼지 못하면 그것은 짝사랑으로 그치고 말 것입니다.

우리가 사랑하는 학생들에게 우리의 사랑과 관심을 전해야 하며, 학부모에게도 학생에 대한 우리의 사랑이 전달되어야만 합니다.

[강사와의 대화 노하우 25]

교사는 학생의 습관을 만드는
중요한 역할을 수행

선생님은 학생들의 습관을 만드는 데 중요한 영향을 미칩니다. 특히 학년이 어릴수록 선생님의 행동은 학생들의 올바른 습관과 학습 태도를 만드는데 매우 중요한 역할을 합니다.

선생님이 학생과의 약속을 잘 지키고 정해진 규칙대로 학생과의 관계를 유지한다면 학생들은 규칙과 약속을 잘 이행하게 됩니다.

반면에 지각해도 선생님이 별다른 조치를 취하지 않는다면 그 학생은 매번 지각하게 될 것입니다. 이런 일이 반복되면 그 반 학생 모두가 과제나 지각에 대해 별다른 생각이 없는 나쁜 습관을 가지게 됩니다.

선생님이 매일 출결 관리와 과제물 관리를 규칙적으로 한다면 학생의 지각, 결석은 줄어들 수밖에 없습니다.

선생님의 관리 소홀로 인해 학생들이 나쁜 습관을 가지게 되면 성적 하락과 실력 저하로 이어지게 되고 결국은 퇴원으로 연결됩니다.

학생들의 습관에 우리 선생님들이 큰 영향을 미칠 수 있음을 항상 생각해야 합니다.

　학부모의 소중한 자녀를 우리가 대신 가르친다는 마음을 가져야 합니다. 학부모에게도 소중하고 우리에게도 소중한 학생들의 올바른 학습 습관을 만드는 책임은 선생님에게 있습니다.

[강사와의 대화 노하우 26]

학생의 퇴원은 선생님과 학원 책임

　이번 달 들어 몇몇 학생들이 학원을 그만 두었습니다.

　달이 바뀌면서 학생이 나오지 않는데 학부모와 상담도 하지 않고 심지어 퇴원한 사실도 모르고 단순하게 결석생으로 처리하는 선생님도 있습니다.

　이는 선생님으로서 너무나 무책임한 행동입니다.

　선생님이 결근했는데 원장님이 전화도 하지 않고 결근한 사실조차 모르고 지나간다면 선생님은 그런 학원에 계속 근무하겠습니까?

　학생과 학부모도 마찬가지입니다.

　학부모는 달이 바뀌면서 학원을 옮겨볼까 고민하며 자녀를 하루 동안 학원에 보내지 않는데 학원에서는 아무런 상담조차 하지 않습니다.

　다음 날에도 아직 퇴원을 결정하지 않고 고민 중인데 학원에서는 아무런 연락이 없습니다. 결국 학부모는 '그 학원은 우리 아이에게 관심이 없구나.'라고 판단하고 퇴원 결정을 내립니다.

선생님이 학생이 결석한 첫날 바로 학부모와 상담을 해서 학부모의 고민을 해결했다면 그 학생은 퇴원하지 않고 다시 우리에게 영어를 배우고 있을 수도 있습니다.

학원을 옮기는 데는 다 이유가 있지만 가장 중요한 귀책사유는 우리에게 있습니다.

학생은 치료를 받으러 온 환자와 같습니다.

병이 낫지 않아 병원을 옮기는 이유를 환자에게 모두 돌릴 수 없는 것처럼 학생이 학원을 옮기려 한다면 그것은 우리 탓이며 우리에게서 그 이유를 찾아야합니다.

선생님께 영어, 수학을 배우기로 약속한 학생이 오지 않는데 아무런 조치를 취하지 않는다면 스스로 선생님이기를 포기한 것과 같습니다.

학생이 약속한 날에 오지 않는다면, 갑자기 결석을 한다면 선생님이 직접 그 이유를 확인하여 사전에 퇴원할 가능성을 줄여야만 합니다.

떠난 학생은 우리가 지키지 못했지만 지금 우리 곁에 있는 소중한 학생은 절대 보내지 않는다는 생각으로 수업의 모든 것을 재점검하십시오.

학원을 옮기는 수강생이 발생할 때마다 스스로를 돌아보고 수업 내용과 수업 방식, 학생들을 대하는 방식과 태도에 대해 다시 한 번 생각해 보시기 바랍니다.

학생들이 우리 곁을 떠나면 그들에게 우리는 '별 볼일 없는 학원, 실력 없는 선생님'이 될 뿐입니다.

학원의 유일한 평가 기준은 성적

스코어 2-2, 남은 시간 5분인 축구경기에서 필요한 것은 골입니다.

최선을 다한 것, 경기를 압도한 것, 골대를 맞고 나온 안타까운 슈팅은 아무 소용이 없습니다. 남은 시간 동안 골을 넣지 못하면 패자가 될 수밖에 없습니다.

마지막 찬스에서 골을 넣지 못하면 그 순간 그라운드에 있던 선수는 물론, 마지막 5분 동안의 승리를 위한 전략을 만들지 못한 감독에게 비난의 화살이 집중되는 것이 현실입니다.

다음 주부터 중간고사가 진행됩니다. 토너먼트 경기의 후반전과 같습니다. 남은 시간에 골을 넣지 못하면 그동안 우리가 했던 노력은 물거품이 되고 단지 승패의 기록만 남습니다.

성적을 어떻게 올릴 것인가 고민하는 것은 우리의 몫입니다. 잔여시간에 어떤 선수를 교체선수로 넣고 어떤 전략으로 대처할 것인가에 따라 승패의 결과가 달라질 수도 있습니다.

지금 우리에게 필요한 것은 성적입니다.

마지막 준비기간에 하는 우리의 선택은 정말 중요합니다. 전반전의 선택과 후반전의 선택은 달라야 하며 게임에서 이기고 있을 때와 지고 있을 때의 선택도 달라야 합니다.

학생들이 매달 수강등록을 하는 시스템에서 학생과 학부모에 의한 평가를 통해 재수강으로 이어질 수도 있고 퇴원으로, 수강반 변경, 교사 변경으로 이어지게 됩니다. 그 평가는 냉정하며 항상 우리에게 절대적입니다.

우리는 매달 토너먼트 경기를 치르는 축구팀과 같은 운명입니다.

게임에 패배한 뒤 최선을 다했다는 말은 아마추어 선수에게나 해당됩니다. 아마추어 선수라면 참가에 의미를 둘 수도 있지만 프로선수에게 참가의 의미보다는 승패에 관심이 집중될 수밖에 없었습니다.

마지막 시험이 끝날 때까지 그간의 노력이 성적향상으로 멋진 결실을 맺을 수 있도록 마무리를 잘 해주시기 바랍니다.

[강사와의 대화 노하우 28]

시험 성적은 학원에 대한 냉철한 평가

성적이 오르지 않는 학생의 성적을 오르게 하는 것이 학원의 존재이유입니다. 따라서 학생의 성적향상에 대한 가장 큰 책임은 학원과 교사에게 있습니다.

최상위권으로 도약하는 것은 학생의 타고난 재능이 필요합니다. 그러나 중하위권에서 중위권으로, 중위원에서 중상위권으로의 향상은 학원의 몫입니다.

보충을 많이 하고 문제도 많이 푸는 데 성적이 오르지 않는 학생이 적지 않다면 우리가 하고 있는 시험 준비와 강의에 문제가 있다고 생각하고 문제를 해결해야 합니다.

학부모 입장에서 선생님과 학원이 열심히 하는 것은 중요한 것이 아님니다.

학원과 선생님이 정규시간은 물론 보충도 많이 하는 것을 알지만 성적이 오르지 않으면 학부모에게 우리 학원과 선생님은 '그저 그렇고 그런 능력 없는' 학원과 선생님이 되는 것입니다.

선생님들은 어떻게 하면 학생들의 성적과 실력을 올릴 것인가를 항상 생각해야 합니다. '이 교재를 어떻게 끝낼 것인가'를 고민하는 것이 아니라 '학생의 성적을 어떻게 올릴 것인가'를 고민해야 합니다.

학생이 학원을 떠나는 것은 정말 안타까운 일입니다.

그러나 학원의 굴욕은 '실력 없는 학원'이라는 평가를 받으며 학생들을 떠나보낼 때입니다. 성적이 오르지 않아서 퇴원하는 것을 지켜볼 수밖에 없는 것은 학원의 수치입니다.

학생들을 직접 가르치는 선생님은 이번 시험으로 인해 퇴원할 가능성이 큰 학생을 누구보다 잘 알고 있습니다.

그럼에도 그들의 성적을 올리지 못한다면 선생님과 우리 학원은 실력 없는 선생님, 실력 없는 학원입니다.

공부를 열심히 한 학생에게 시험은 일종의 보상이고, 그렇지 않은 학생에게는 피하고 싶은 것입니다. 학원 입장에서도 마찬가지로 준비를 잘 했으면 시험이 기다려지고, 그렇지 않은 경우 시험일정이 조금 더 늦추어 졌으면 하는 마음일 것입니다.

100% 준비는 불가능 하지만 최선을 다해 준비하고 시험 결과를 겸허하게 받아들여야 합니다.

이번 시험의 결과는 우리 학원과 선생님의 강의에 대한 냉철한 평가입니다.

성적이 학원의 모든 것을 말해줍니다.

기초 실력 향상 vs 시험 점수 향상

기초 실력이 너무 부족한 학생이 학원에 등록하면 항상 고민을 하게 됩니다.

기초 실력을 다지게 할 것인지 당장의 점수를 높이는데 중점을 둘 것인지에 대해 고민합니다. 그 문제에 대한 답을 일률적으로 제시할 수 없으며 학생의 수준과 상황에 따라 다르게 적용해야 합니다.

이상적으로는 기초실력도 쌓고 성적도 오르게 하는 것이 최고의 답이지만 기초실력 향상은 학습효과가 나타나기까지 오랜 시간이 소요되며 시험 성적 향상은 상대적으로 단기간에 나타나게 됩니다.

우리가 기초실력을 높일 수 있고 시험성적을 올릴 수 있는 능력을 갖고 있는지 스스로를 평가해야 합니다.

정말 성적을 오르게 하는 강의를 하고 있는지 냉정하게 되돌아보고 점검해야 할 것입니다. 기초 실력을 쌓는 것이 더 우선적이고 중요하다고 학부모에게 얘기하면서도 정말 기초실력을 늘리고 있는지도 살펴봐야 합니다.

혹시나, 성적을 오르게 하는 방법이 너무 힘들거나 너무 준비를 많이 해야 하기 때문에, 혹은 그 방법을 정확하게 알 수 없기 때문에 기본 실력이 중요하다고 하는 것은 아닌지 생각해보아야 합니다.

기초실력을 높이는 방법은 책상에 앉아 고민만 하지 마시고 서점에 나와 있는 많은 전문가의 책에서 그 방법을 찾으십시오.

우리는 감사하는 마음으로 그들의 책을 읽고 방법을 찾아 학생에게 그 비법을 전수하면 됩니다.

실력 향상으로 가는 길은 하나만 있는 것이 아니며 수많은 방법이 있다는 것을 항상 생각하십시오. 지금 선생님이 알고 있는 방법이 가장 멀리 돌아가는 방법일수도 있습니다.

항상 그런 생각으로 새로운 시도를 하십시오.

[강사와의 대화 노하우 30]

학부모에게 성적향상의 과정을 보여줘야 함

몇 년 전 케이블TV에서 '80일 만에 서울대 가기' 라는 프로그램이 인기를 끌었던 적이 있습니다.

'80일 만에 성적 올리기' 이런 것이 아니라 '80일 만에 서울대 가기' 라는 자극적인 제목과 방송 프로그램의 내용 때문에 그 프로그램은 많은 주목을 받았습니다.

그 프로그램이 성공했던 이유는 성적을 올리는 방법을 가르쳐 주는 것도 있었지만 참여 학생의 성적이 향상되는 과정을 시청자에게 보여 주었기 때문입니다.

시간이 지남에 따라 프로그램에 출연한 고3 학생의 성적이 올라가는 과정을 보여줌으로써 방송을 본 고등학생들은 그 프로그램의 학습법을 따라 하기도 했습니다.

마찬가지로 우리가 학부모에게 인정받기 위해서는 학부모에게 성적을 올리는 방법을 알려 드리는 것이 아니라 성적을 올리는 과정을 보여 주어야 합니다. 자녀의 성적이 조금씩 서서히 오른다면 학생은 우리 학원을 절대 떠나지 않을 것입니다.

성적이 오르지 않는 학습비법은 사이비 마법사의 주문과도 같습니다. 학부모는 자녀의 성적향상 과정을 보고 싶어 할뿐입니다. 그 비법을 알고자 한다면 서점에 가서 유명한 대학교수가 쓴 다양한 학습 방법론 책을 구입할 것입니다.

그러나 대부분의 학부모는 자녀를 직접 가르치기에는 너무 바쁘고 그 많은 과목을 다 공부할 수도 없습니다. 그래서 우리 학원에 소중한 자녀를 보내는 것입니다.

서점에 가면 '100일 만에 영어가 된다.', '3개월만 하면 영어가 된다.'는 식의 자극적인 영어 회화책이 많이 있습니다.

조금만 생각해도 그렇게 되기 어렵다는 것을 알지만 그렇게 기간을 정해 독자의 실력을 높여주겠다는 미래를 보여주기 때문에 서점에서 팔리는 것입니다.

'80일 만에 서울대 가기'TV 프로그램을 만든 PD가 만약 성적향상과정을 보여주지 못했다면 그는 사기꾼으로 비난받았을 것입니다.

선생님이 직접 가르치는 학생을 대상으로 '80일 만에 평균 10점 올리기' 프로그램을 만든다고 생각해 보십시오. 선생님이 PD라면 무조건 성적을 올려야만 합니다.

방송국 PD가 학생 성적을 올릴 수 있다면 우리는 당연하게 성적을 올려야만 합니다. 학부모와 우리에게 소중한 학생들의 성적향상과정을 만드십시오.

매일 보충하는 학생에게 더 많은 관심이 필요

학원에 올 때마다 보충하는 학생은 학원이 즐거울 수 없습니다. 학원 오는 것이 즐겁지 않으면 반대로 학원을 그만두고 싶어 하는 마음은 커지게 됩니다.

아무리 실력향상이 빠르게 된다고 해도 즐겁지 않으면 초등학생에게는 짜증나는 학원일 뿐입니다.

특히 매일 보충하는 학생에게 학원은 전혀 즐겁지 않는 곳이며 지옥이라 생각될 수도 있습니다. 그 학생은 어떻게 하면 우리 학원을 그만둘까 항상 생각하고 있을지도 모릅니다.

우리가 그들에게 관심을 가져야 하는 것은 너무도 당연합니다. 그러나 일부 선생님은 보충 그 자체에만 관심을 두고 학생에게는 별로 관심을 두지 않는 경우가 있습니다.

보충은 말 그대로 수업시간에 못한 것을 조금씩 보강하여 학생의 실력을 높이기 위한 것입니다. 매일 남아서 보충한다는 의미는 그 학생이 수업을 제대로 따라오지 못하는 것입니다.

이런 경우 학생에게 너무 어려운 과정이면 수강반을 변경해야 하며, 특별하게 어렵지 않음에도 습관적으로 남아서 보충하는 학생이라면 상담을 통해 문제를 해결해야 합니다.

일부러 학원에 남고 싶어서 보충을 자초할 수도 있으며 다른 학원에 가기 싫어서 일부러 남는 것일 수도 있습니다. 그럴 경우 학부모에게 학생의 마음을 전하여 학생의 문제를 대신 해결해줄 수도 있습니다.

매번 약간씩 부족하여 보충을 할 경우 그 반에는 '보충 면제권' 제도를 만들고 그 학생이 그것을 획득할 수 있도록 선생님이 도와준다면 학생은 보충으로 인한 스트레스를 줄일 수 있을 것입니다.

프로야구 선수들은 그날 게임에 지면 '특타'라고 해서 스스로 피칭머신을 활용해 타격연습을 한다고 합니다. 스스로를 반성하고 내일을 위한 스스로의 마음을 다지기 위함입니다.

그러나 우리가 가르치는 학생들은 프로야구 선수도 아니고 수능시험을 준비하는 고3도 아닙니다.

지나친 보충으로 인해 학원을 그만 두는 일이 발생해서는 절대로 안 됩니다.

보충을 거의 매일 하는데도 대책을 세우지 않는다면 그 학생이 퇴원하도록 방치하는 것과 다름없습니다.

매일 보충을 하는 학생에 대해 더 많은 관심을 가져주기 바랍니다.

[강사와의 대화 노하우 32]

매주 특집인 무한도전처럼

인기 TV 프로그램인 〈무한도전〉은 매주 특집을 합니다. '마지막 여름 특집', '가을 준비 특집' 등 매번 '특집'이라고 이야기 합니다.

일 년에 한두 번도 아니고 너무나 자주 '특집' 타이틀을 걸고 이야기가 진행되는 것을 생각하면 그들이 사용하는 '특집'이란 말은 사전적 의미와는 다르게 사용하고 있습니다.

그 프로그램이 매번 '특집'을 외치는 이유는 단순히 시청률을 올리기 위한 것이 아니라 '이번 회는 특집이니까 좀 더 잘하자' 라고 스스로에게 주문을 거는 것입니다.

지난주에 이어 이번 주 방송되는 프로그램이 아니라 이번 주는 '특집'이니까 지난주보다 더 잘하고 더 노력해야 하겠다는 의도인 것입니다.

진짜 특집처럼 엄청난 물량을 투입하지 않고도 출연진 스스로 '특집'이라고 매번 외치는 노력이 있었기 때문에 몇 년째 인기 있는 프로그램으로 자리 잡은 것입니다.

우리 학원도 시험기간에는 더 집중하고 노력합니다. 늦게까지 남아서 보충도 하고 주말에도 나와서 보충을 합니다.

학생들 역시 늦게까지 보충을 하고 주말에도 나오지만 시험성적을 높이기 위해 빠지지 않고 보충에 참석합니다. 그러면서도 그들은 기꺼이 시험공부를 합니다.

매주 특집을 스스로 만드는 〈무한도전〉처럼 학생 스스로 매월이 기말고사라는 생각으로 수업에 참여하도록 할 수 있다면 학생들의 성적은 빠르게 향상될 것입니다.

시험을 준비하는 기간처럼 학생들이 매시간 집중한다면 학생 스스로도 실력이 느는 것을 느낄 수 있을 것입니다.

학생들이 시험 때와 같은 집중력을 평상시에도 유지할 수 있도록 격려하고 도와주는 것이 우리의 역할입니다.

매번 '특집'이라고 스스로 말하는 인기 프로그램처럼 우리가 매주 '특집' 프로그램을 만드는 자세로 한 주를 시작한다면 이번 주는 지난주보다 훨씬 즐거운 시간이 될 것입니다.

시험 결과는 반드시 수업에 반영돼야 함

지난 주 중간고사가 마무리 됐습니다. 시험 준비하신 선생님들 너무나 수고 하셨습니다.

기대 이상의 좋은 성적을 기록한 학생도 있고 생각보다 부진한 학생도 있었습니다. 과목별로도 좋은 성적을 기록한 과목도 있지만 기대보다 부진한 과목도 있는 것이 사실입니다.

누구나 아는 것처럼 학생의 시험 점수가 중요한 것이 아니라 학생과 학부모의 기대수준에 맞는 점수가 더 중요합니다.

그 기대수준을 채우지 못한 학생이 있습니다.

학생들의 성적을 면밀히 분석한 후 학부모와 상담하십시오.

학부모의 기대수준이 너무 높았다면 학생수준에 대해 기대치를 낮출 수 있도록 설득해야 합니다. 이때에도 학부모의 자존심을 상하게 하는 직접적인 표현은 절대 안 됩니다.

성적이 많이 떨어져 퇴원 가능성이 있는 학생 역시 학부모와 상담을 통해 앞으로의 학습방향에 대해 미리 상담하십시오.

자녀의 성적에 대한 학부모의 선택은 너무나 당연한 것이며 그 선택을 존중해야 하지만 학부모가 선택하기 전에 우리가 할 수 있는 최대한의 노력을 해야 합니다.

선생님들께서는 학생별 학교별로 시험경향과 시험성적을 분석하고, 이번 시험 준비과정의 문제점과 성과를 분석해보고 다음 시험을 위한 개선 방향을 찾으십시오.

준비과정에서 시험 경향과 다른 시험 준비를 한 것은 아닌지, 준비일 정은 충분했는지 혹은 너무 과했는지 각 수강반별 학생별로 생각해보고 다음시험 준비하십시오.

성적은 우리 학원과 선생님에 대한 냉정한 평가입니다.

이번 시험의 결과를 냉정하게 분석하고 다음 시험을 준비하여 주시기 바랍니다. 특히 수업시간에 시험에 대한 분석과 대응전략이 반영되어야 합니다.

[강사와의 대화 노하우 34]

학부모 의견은 우리가 나아갈 방향

글은 말로 하는 것보다 더 설득력이 있지만 잘못된 표현이 사용되는 경우 돌이킬 수 없는 상황으로 이어지기도 합니다.

학부모와 공식적인 문서인 가정통신문을 작성할 때는 보고 말할 때보다 더욱 신중해야 합니다.

가정통신문에 대한 학부모의 의견 역시 우리만큼이나 신중하게 작성된 것입니다.

매번 '감사합니다.' 이렇게 단문으로만 답을 하시던 학부모께서 여러 문장으로 답을 보내실 경우 학부모는 많은 생각을 한 것입니다.

이때는 문자 그대로의 의미가 아닌 행간의 의미를 읽을 수 있어야 합니다. 평소 학생의 행동과 최근의 학생의 태도와 행동을 생각해보고 학부모님의 의견이 의미하는 바를 신중하세 생각해야 합니다.

또한, 학부모 의견이 우리의 판단과 다를 경우에도 학부모 의견은 최우선시되어야 합니다. 학부모의 의견은 무조건 옳습니다. 과제량이 많다고 말씀하시면 우리의 과제량이 많은 것이고 과제량이 적다고 하시면 적은 것입니다.

학부모 의견은 수업의 내용과 형식에 반영되어야 하며 수강반 조정에도 반영되어야 합니다. 다른 선생님과 공동으로 결정을 해야 할 경우 함께 논의하여 그달 중순까지는 정해야 합니다.

이처럼 중요한 가정통신문이 일부 회수되지 않았습니다.

어떤 학생이 아직 제출하지 않았는지 선생님들 모두가 파악하고 계십니까? 선생님들이 그것을 파악하지 않고 학생들에게 물어보면 아이들은 무조건 냈다고 말할 것입니다.

학부모에게 보낸 가정통신문은 학부모의 확인 및 학부모 의견을 받아 정독 후 학부모 의견에 대한 대책을 세워 매일 교사일지와 함께 제출하십시오.

학부모 의견은 우리에게 너무도 소중하며 항해하는 선박의 키와 같이 우리의 나아갈 방향을 가르쳐주는 소중한 것입니다.

[강사와의 대화 노하우 35]

교사의 학습 리포트는
개별 학생의 특성을 포함해야

가정통신문은 학부모와 학원간 공식적인 커뮤니케이션 수단입니다. 그 중 교사의 의견은 가장 핵심적인 내용입니다.

이처럼 소중한 교사의 의견이 수강반 전체 학생에게 거의 동일하게 쓰인 경우도 있습니다. 수강반별로 내용 하나를 작성하여 학생 이름만 변경하여 [복사] [붙이기] 기능을 활용해 똑같은 내용인 경우가 적지 않습니다.

학부모들이 알고 싶은 것은 우리 아이가 학원에서 어떤 모습을 보이고, 어떤 부분을 잘하고, 어려워하는 지, 과제는 열심히 하는 지, 모르면 질문을 바로 하는 지, 수업시간에 떠들거나 심하게 장난치지 않는 지 등입니다.

통신문의 다른 부분에 나와 있는 내용을 다시 설명하거나 이번 달 공부한 내용과 다음 달 공부한 교재에 대해 중언부언하는 것은 교사의 의견이 아니라 교재 안내일 뿐입니다.

매달 새로운 의견을 내는 것이 쉽지는 않지만 가정통신문의 교사의견은 '길동이는 이번 달에 열심히 했습니다.'라는 식의 표현이 아닙니다.

교사의 의견이라면,

'길동이는 이번 달 출결은 어떠했고, 과제는 어떤 것은 잘하고 어떤 부분은 부족했고, 길동이가 잘하는 것은 어떤 부분이며, 어려워하는 부분은 어떤 부분입니다. 수업시간에 질문도 잘하며, 친구들과의 관계가 좋거나 별로 좋지 않다' 등의 구체적인 내용이 포함돼야 합니다.

가정 통신문은 정말 중요한 것입니다.

문구 하나 하나에도 우리의 관심과 열정이 전달되어야 합니다.

학생의 과제는 학생의 몫

학부모는 우리에게 자녀를 맡길 때 성적향상 뿐 아니라 학습태도 전반에 걸친 교정을 일임하셨습니다.

그 중에는 과제물을 잘하는 것도 포함돼 있습니다. 학생들이 과제를 제대로 하지 않는 것을 지도하는 것은 학부모의 일이 아니라 우리의 과제입니다.

일부 선생님의 경우 학부모와 상담 시 학생의 과제를 지나치게 강조하여 학부모께서 부담을 느끼고 있다는 항의 전화를 하셨습니다.

과제를 제대로 하지 않는 학생들의 잘못된 습관을 개선시키는 것은 학부모의 몫이 아니라 학원과 선생님의 몫입니다.

학부모는 우리가 개선한 것을 확인만 하면 되는 것입니다.

온라인 학습 과제에 대해 얘기해 보겠습니다.

학생들이 온라인 학습을 제대로 하지 않는 경우 학원에 설치된 컴퓨터를 이용해서도 해결할 수 있습니다.

온라인 학습을 제대로 하지 않는 남학생이 야구를 좋아한다면 온라인 과제량을 정하고 그것을 넘어서면 야구공을 하나씩 선물로 줘 보십시오. 그 학생은 시간이 날 때마다 학원에서 온라인 학습을 할 것입니다.

야구공은 며칠 지나면 잊어버리거나 찾을 수 없기 때문에 선생님이 주는 그 공이 있어야 다시 야구를 할 수 있기 때문입니다.

또 다른 학생에게는 목표를 주고 그것을 달성하면 추가 포인트를 주고 그 반에는 주간단위로 몇 %이상 과제를 다 하면 특별 포인트를 준다고 하면 수강반 친구들은 그 학생과 함께 학원에서 기꺼이 과제를 할 것입니다.

선생님들은 과제를 하지 않는 학생에 대한 패널티를 효과적으로 운영할 것인가 고민하기보다는 어떻게 하면 과제를 모두 하게 할 수 있는지를 먼저 생각해야 합니다.

학생이 스스로 과제를 잘하는 습관이 들면 학부모에게 그동안의 과정을 설명해주고 자녀를 격려해 주시기를 요청하십시오.

그것이 선생님의 역할입니다.

[강사와의 대화 노하우 37]

새로 들어온 학생에게 더 많은 관심을

월말을 지나면서 수강반이 변경된 학생이 있고 새로 들어온 학생도 있습니다.

선생님들은 이들 학생에게 기존 학생들보다 더 많은 관심과 배려를 해야 합니다.

학원에 계속 다녔던 학생이라도 기존반과 교재도 다르고 수업진행 방법도 다를 수 있습니다.

특히 우리 학원에 처음 다니는 학생에게는 학원의 모든 것이 새로운 것입니다. 그들에게는 교실 문 여는 방식까지 새로운 것입니다. 그들에게 더 많은 관심과 배려가 필요합니다.

담임선생님들은 새로운 학생의 특성과 장점 및 단점을 최대한 빨리 파악하여 그에 맞는 대응법을 찾으십시오.

그래야 '선생님이 나에게 관심이 많구나.' 하는 생각을 하게 되고 스스로 빠르게 적응하려고 노력하게 됩니다.

수강반 변경은 사전에 협의가 된 것임에도 일부 학생은 아직 교재도 받지 못한 사례가 있습니다. 이런 경우 학생은 수업시간에 집중하기 어렵습니다.

월말과 월초에 바쁜 것은 교사에게나 해당되는 것입니다. 반을 옮긴 학생은 선생님이 월말 월초에 바쁜지 알아야 할 필요가 없습니다.

선생님이 바쁘다는 이유로 반을 옮긴 자신에게 소홀하다고 느끼면 결국 학원을 그만 두거나 기존 선생님 반으로 돌아가고 싶다고 말하는 것은 너무나 당연합니다.

우리 반에 새롭게 들어온 학생에게는 처음 며칠 동안의 관심이 1년을 좌지우지할 만큼 중요합니다. 학생들이 새로운 환경에 빠르게 적응할 수 있도록 하는 것은 선생님의 역할입니다.

반 변경 후 한두 달 안에 학원을 그만 두는 학생이 생기면 그 원인은 새로 그 학생을 가르치는 선생님이 가장 큰 원인이 된다는 것을 명심하십시오.

[강사와의 대화 노하우 38]

학생들이 다니는 다른 학원도 중요

학생들이 수업을 마치고 보충할 때 인상을 잔뜩 쓰면서 하는 아이들이 있습니다. 왜 그러냐고 이유를 물어도 잘 대답하지도 않고 옆에 있는 같은 반 친구가 '지금 피아노 학원 가야하는데 보충해서요.' 라며 상황을 설명해주는 경우가 있습니다.

다른 학원을 가야 한다고 말했는데 '선생님이 이거 다 마치고 가라고 했다'고 울먹이는 경우도 있습니다. 우리 학원에서 보충 10분 더하면 그 학생은 다른 학원의 셔틀버스를 놓치거나 다른 학원에 10분 이상 지각을 하게 될 수도 있습니다.

그런 일이 발생되면 학생과 학부모는 그 원인이 되는 선생님과 우리 학원에 대해 좋지 않은 감정을 가지게 되며 그런 일이 반복되면 학원을 떠나게 될 수도 있습니다.

수업시간에 매번 10분 늦은 학생의 지각 사유가 학원 오기 전 다른 학원에서 보충하느라 매번 10분 이상 지각한다면 우리 또한 그 학원에 대해 불만을 가지게 되고 학부모를 통해 개선하고자 할 것입니다.

학부모와 학생에게는 우리 학원이 소중한 만큼 다른 학원도 소중합니다. 보충을 할 때, 학생들이 다니는 다른 학원에 결석이나 지각하지 않도록 해 주십시오.

우리 학원이 소중한 것처럼 그들이 다니는 다른 학원도 존중해줘야 합니다.

또한, 학원 내에서도 수업마치고 바로 다른 교실로 이동해야 하는데도 2~3분이면 마무리 된다고 학생들을 보내지 않는 경우도 가끔씩 발생합니다.

선생님 반의 시간이 중요한 것처럼 다른 반 선생님의 시간도 정확하게 지켜질 수 있도록 시간은 서로 지켜야합니다.

견물생심(見物生心)

학생들이 선생님의 물건을 사용하는 경우가 있습니다. 한 번 사용하는 것이 아니라 자기 것인 양 자기 가방에 넣어 사용하고 심지어 자기 것이라고 우기는 경우도 발생되기도 합니다.

최근에도 이런 일이 발생하여 학부모까지 학원을 방문해 문제가 커진 일이 있습니다. 다행스럽게도 학원의 것으로 밝혀져 문제가 잘 해결되기도 했습니다.

견물생심은 인간의 본성입니다.

성인들은 그 본성을 억누르는 이성이 있지만 어린 아이들의 경우 아직 이성과 자아가 발달되지 않는 경우가 많아 본성에 이끌리는 경우도 발생됩니다.

본성을 잘 통제하지 못하는 초등학생에게 예쁜 필기구나 사무용품을 방치하는 것은 그들에게 일탈행위를 하도록 함정을 파놓고 기다리는 것과 같습니다.

만약 선생님의 사무용품에 학원 로고를 부착하거나 선생님의 이니셜을 적어 둔다면 결코 아이들은 그 물건을 자기 것이라고 우기지 못할 것입니다.

아이들 눈에는 아무런 표기가 되지 않았기 때문에 무조건 자기 것이라고 우기면 자기 것이 될 것으로 착각하게 되는 것입니다.

자동차 시동을 켠 채로 길에 차를 세워둔 상태에서 차를 도난당했다면 차주인도 손실의 일부를 부담하는 것이 일반 상식입니다.

멋진 물건을 보면 갖고 싶은 것은 인지상정입니다. 선생님의 사소한 조치가 아이들의 일탈행위를 막을 수도 방치할 수도 있음을 다시 한 번 생각하십시오.

선생님의 교실에서 그런 문제가 발생됐다면 그 책임은 선생님에게 있음을 기억하십시오.

[강사와의 대화 노하우 40]

월요일에는 빠뜨리는 것들이 생기게 마련

평상시 교재나 과제물을 잘 해오는 학생이라도 월요일에는 간혹 교재를 가져오지 않는 경우도 발생하기도 합니다. 과제물을 집에 두고 온 경우도 있습니다.

월요일이 연휴인 경우 노는 날인지 모르고 학원에 오는 학생도 가끔 있습니다. 반대로 화요일에 오는 날인데도 월요일인줄 알고 지각하는 경우도 있고 월요일반 교실로 들어가는 경우도 있습니다.

오지 않는 날인데 학원에 오는 학생의 실수에 대해서는 웃음으로 넘어가면서 학원에 와야 하는데 오지 않고 있다 지각하는 학생의 실수는 웃음으로 넘기지 않는 경우가 대부분입니다.

과제물 또한 마찬가지입니다. 화요일 검사 받을 과제를 실수로 미리 해오면 웃으며 지나가고 실수로 월요일 검사받아야 하는 과제를 하지 않으면 웃음으로 넘어가는 경우는 거의 없습니다.

월요일에는 학생들이 빠뜨리는 것들이 생기게 마련입니다.

이런 실수에도 정색을 한다면 학생들은 학원 다니는 것이 너무 힘들 것입니다.

직장인에게 월요병이 있다면 학생에게도 월요병이 있음을 생각해야 합니다. 학생들의 마음을 배려할 줄 아는 선생님이 학생들에게 더 신뢰를 받을 것입니다.

[강사와의 대화 노하우 41]

새학년 새학기에 모든 것을 새롭게

학생과 학부모는 3월은 모든 것이 새롭고 학원에서는 가장 바쁜 시기입니다.

학생입장에서는 학년, 학급, 친구들, 선생님 모두가 새롭습니다. 이 시기에는 모두가 마음이 설레고 한 학년 올라갔으니 스스로 성장했다고 생각하고 모든 것이 좋은 쪽으로 전개됐으면 하는 생각을 가지게 됩니다.

학부모 또한 이제 학년이 올랐으니 성적도 오르고 말도 잘 듣는 모범생이 됐으면 하는 희망을 자녀에게 가지게 됩니다.

이런 마음으로 학부모는 자녀를 영어학원과 수학학원에 등록시킵니다. 예체능 중심으로 자녀의 학원을 편성했던 학부모도 학년이 오르면 영어 수학학원으로 중심으로 시간표를 변경하기도 하여 자녀의 본격적인 성적향상을 기대합니다.

학생과 학부모가 새로운 마음으로 새 출발하는 중요한 시기임을 생각한다면 우리 학원과 선생님 역시 모든 것을 새롭게 시작한다는 마음으로 새 출발해야 합니다.

학생들과도 새로운 마음으로 대화하고 학년이 오른 만큼 새로운 마음가짐으로 그들을 대해야 합니다. 또한, 그동안 사용했던 강의 자료를 업그레이드 하여 new edition 강의 자료를 만들어 학생들에게 가르치겠다는 생각을 해야 합니다.

세상의 변화는 아주 사소한 것들이 모여 큰 변화를 만듭니다.

선생님들의 새로운 변화도 아주 거대하고 거창한 것이 아니라 숙제 검사하는 것, 칭찬 도장 찍어주는 것, 영어 이름을 새롭게 만드는 것 등 아이들과 접하는 모든 것을 새롭게 시작하십시오.

서점에는 영어 시험점수를 올리는 다양한 방법론을 활용한 영어 교재가 많습니다. 수학 실력을 높이는 다양한 교재가 서점에서 팔리고 있습니다. 수업시간에 활용할 엑티비티 재료도 인터넷에서 쉽게 구할 수 있습니다.

지난해와는 다른 무엇인가를 만들어 학생들에게 보여주겠다는 선생님의 마음이야말로 새학년이 된 학생들과 어울리는 것입니다.

LG전자 창원공장에는 〈현장혁신학교〉라는 것이 있습니다.

일주일간의 교육 과정 중 100가지 혁신사항을 만드는 프로그램이 있습니다.

교육생은 하루 동안 각자 지정된 현장에서 지내고 100개의 혁신 아이템을 개인별로 제출해야만 하루의 교육과정을 마치고 잠을 잘 수 있습니다. 아주 거창한 것을 생각한다면 열 개도 적을 수 없을 것입니다.

새로운 마음을 갖기 위해 우리 학원에서 개선해야 할 100가지를 한번 적어 보십시오. 하루 만에 적을 수 없다면 일주일 동안 선생님의 교실과 우리 학원의 모든 부분에서 개선할 부분을 찾아보십시오.

100개를 채우는 것이 쉽지는 않을 것입니다. 실현 가능성은 생각하지 말고 아주 사소한 것부터 시작하여 100가지 리스트를 만들어 보십시오.

리스트를 만들면 그동안 전혀 생각하지도 못했던 부분에 대해 생각하게 될 것입니다. 수십 개를 적고 난 뒤 '더 이상은 개선할 것이 없다'가 아니라 '무조건 100개의 개선점을 찾겠다.'는 생각으로 리스트를 채워 나가다 보면 개선할 점이 이렇게 많았던가를 느끼게 될 것입니다.

100가지 개선점이 완성되면 매주 한 개씩 시도해 보십시오.

매주 한 개씩만 시도한다면 일 년 내내 학생들은 새로움을 느끼게 될 것입니다.

[강사와의 대화 노하우 42]

학년이 바뀌면
학생들의 태도와 행동도 변화

학생들은 학년이 바뀌면 많은 것들이 변하게 되며 그 전 학년과는 전혀 다른 양상을 보입니다.

2월까지만 해도 선생님에게 인사도 잘하던 학생이 갑자기 학년이 바뀌면서 태도가 바뀌면서 우리를 당혹스럽게 하기도 합니다.

이 같은 학생들의 변화는 너무나 자연스러운 것이므로 새학년이 된 학생들의 변화에 맞추어 우리의 태도 역시 변해야 합니다.

학생들은 학년이 높아질수록 자존심이 강해지며 스스로의 생각을 더 나타내게 되며 그동안 사용하지 않던 욕도 친구들끼리 하게 됩니다.

새학년이 된 학생들을 무조건 힘으로만 제압하려 하지 말고 합리적으로 대응해야 합니다. 그렇다고 학생들에게 끌려가서도 안 됩니다.

숙제를 안 했을 때, 결석했을 때 등 수업의 기본 규칙은 새학년이 되면 새로 정하고 학생들에게 미리 공지하고 엄격하게 지켜야합니다.

고학년이 되면 지난해까지는 무난하게 받아들였던 규칙과 페널티라도 학년이 바뀌면서 학생들이 받아들이지 않을 수도 있습니다. 새학년이 되면 학생들도 변한다는 것을 생각하고 학생들과 대화를 통해 규칙을 정립해야 합니다.

새로운 것을 만들 때에도 학생들에게 공지하고 학생들의 동의를 받는 절차가 필요합니다.

스스로 컸다고 생각하는 학생에게는 그에 맞는 방식을 적용해야만 합니다.

[강사와의 대화 노하우 43]

여름방학을 맞이하는 자세

방학은 학부모의 여름휴가와 겹쳐 학부모와 학생 모두에게 휴식이라는 개념이 강합니다. 마치 방학 중에는 공부는 잠시 뒤로 하고 충분히 쉬어야 할 때인 것처럼 인식됩니다.

　그러나 방학 기간 열심히 공부하여 실력을 크게 높이겠다고 생각하는 학생과 학부모도 적지 않습니다.

　이 학생들의 실력을 향상시키지 못한다면 2학기가 시작되는 8월말 학생은 냉정하게 우리 곁을 떠날 수도 있습니다.

　여름방학이라 다소 느슨해지기 쉽지만 'OO학원은 정말 열심이다'는 평가를 학부모로부터 받을 수 있어야 합니다.

　모두들 쉬는 기간이라 생각하기에 우리가 조그만 더 열심히 하면 더 좋은 결과를 얻을 수도 있습니다.

　학교 수업이 없는 방학을 이용해 수강생들의 부족한 면을 어떻게 채워줄 수 있는지 생각해보고 미리 준비하십시오.

　또한, 방학 중 캠프 참가 등으로 수업일수가 부족한 학생이 있습니다. 학생의 입장에서 보면 학습량 부족으로 실력향상이 늦어지고 학부모 입장에서는 수강료가 아까워 한 달 쉬는 것에 대한 유혹을 받기 쉽습니다.

　학생이 한 달 쉬면 다음 달 재수강 한다는 보장이 없습니다.

　학생이 휴강하지 않도록 교재 선정과 강의 계획을 철저히 세워 미리 학부모님께 안내하여 방학기간 휴강하는 학생을 최소화해야 합니다.

　캠프 참가 등으로 인한 결석에 대한 보충도 학부모님께 미리 설명하여 효과적인 여름방학이 될 수 있도록 준비해 주시기 바랍니다.

방학 중 신규생과 추가 등록생에 대한 더욱 철저한 관심이 필요

방학을 쉬는 기간이라 생각하고 자녀를 다양한 체험 캠프에 보내시는 학부모도 있지만 방학이니까 집중해서 공부를 더 하자고 생각하는 학생과 학부모님도 계십니다.

우리 학원에도 영어 과목만 수강했는데 방학을 맞아 수학을 시작하는 학생도 있으며, 수학 과목만 수강했는데 영어 특강만 신청하겠다는 학생도 있습니다.

이들 학생은 처음에는 방학에만 수강하겠다고 등록했지만 우리의 노력여하에 따라 방학 이후에도 정규 수강생으로 우리 곁에 남을 수 있습니다.

마트에 가서 우유만 사와야겠다는 생각으로 간 소비자가 우유만 사오는 경우는 거의 없습니다. 진열대마다 너무 좋고 저렴한 상품이 소비자를 유혹하기 때문입니다.

마찬가지로 방학기간만 배우겠다는 학생에게 정성을 다하여 실력을 올려주고 학부모에게 전문가다운 모습을 보여 준다면 그 학생은 개학 후에도 선생님과 함께 공부할 것입니다.

방학기간 새로 등록한 학생에 대해서는 기존 수강생보다 더 많은 관심을 보여야 합니다. 선생님이 적극적으로 학부모와 상담하여 자녀의 장단점에 대해 설명하고 이에 대한 개선방향에 대해서 긍정적으로 제안해야만 합니다.

학생에게도 선생님이 더 많은 관심을 가지고 있다는 것을 느끼게 하여 '이 선생님과 영어를, 수학을 계속 공부하고 싶다'고 생각하도록 해야 합니다.

모든 학생들에게 최선을 다해야 하지만 방학 때 새로 선생님과 공부를 시작한 학생들에게 더 많은 관심과 더 노력하는 모습을 보여 주시기 바랍니다.

익숙한 사람을 보면 설렘이 없지만 새로운 사람과 만나면 누구나 설레는 마음이 생기기 마련입니다. 그 설렘은 호감으로 발전될 가능성도 매우 높습니다.

새롭게 선생님과 만나는 학생과 학부모의 설렘을 호감으로 바꿀 수 있도록 노력해 주십시오.

[강사와의 대화 노하우 45]

예정된 결석생에 대한 철저한 관리

여름방학이면 각종 체험 및 영어캠프, 가족휴가 등으로 인해 결석하는 학생이 많습니다. 갑작스런 일정으로 인한 결석은 어쩔 수 없지만 예정된 결석에 대해서는 우리가 준비를 해야 합니다.

예정된 결석의 경우 주단위로 미리 파악하여 학원 전체 선생님들과 그 내용을 공유해야만 합니다.

학부모가 학생을 통해 캠프 참가를 미리 알렸는데도 휴가를 즐기는 학부모에게 학생의 결석 사유를 묻는 전화를 하는 것은 관심의 표시가 아니라 학원의 무관심을 재확인시키는 역효과를 낼 뿐입니다.

특히나 휴가지의 학부모에게 어제 오늘 이틀 연속으로 똑같은 결석 보고를 한다면 그 학부모는 짜증을 넘어서 학원에 대한 불신으로 이어질 것입니다.

방학기간 중 예정된 결석은 미리 파악하여 책상 근처에 두고 항상 업데이트하여 학원 전체와 공유하며 예정되지 않는 결석에 대해서는 즉시 내용을 확인해야 합니다.

방학기간 중 결석생이 발생되고 있지만 일부 담당 교사들이 그 내용을 정확히 파악하지 못하는 사례가 있습니다. 교사는 학생들과 관련된 것은 사소한 것이라도 원장님은 물론 누구보다도 잘 파악하고 있어야 합니다.

간혹 학생들이 선생님에게 얘기를 안 하는 경우가 있습니다. 이 경우에도 문제는 학생에게 있는 것이 아니라 해당 선생님의 커뮤니케이션에 문제가 있는 것입니다.

주간 단위로 학생들의 일정을 체크하고 갑자기 생기게 되는 결석 일정도 미리 선생님께 알리게 공지를 자주 했다면 갑작스런 결석이나 예정변경으로 인한 결석도 관리될 수 있습니다.

수업을 마치면서 '혹시 내일 학원 빠지는 사람 있니?'라고 확인 질문만 해도 학생들의 결석에 대해 미리 체크할 수 있습니다.

학생의 미리 정해진 일정을 파악하지 못하는 사례가 발생된다면 학생과의 커뮤니케이션에 장애가 있으며 그 책임은 교사에게 있음을 생각하십시오.

학생들이 방학 때 쉬는 이유

방학 중 한 달 쉬겠다는 학생이 적지 않습니다.

그 학생들 중에는 한 달만 쉬고 오는 학생도 있을 것이고 몇 달 동안은 오지 않을 학생도 있을 것입니다.

방학동안 쉬는 것은 여러 가지 이유가 있겠지만 학원 다니는 것이 즐거운 학생에게는 쉬고 싶다는 생각이 들지 않을 수도 있습니다.

학부모가 '날도 더운데 영어학원 한 달 쉴래?' 라고 물었을 때, 학생이 '아니요, 대신 다른 학원 쉬고 영어학원은 계속 다닐 거예요'라고 말한다면 영어학원을 쉬는 일은 없을 것입니다.

선생님들은 방학동안 '한 달 쉬라'는 학부모의 제안을 물리칠 무엇인가를 우리 학생들에게 주고 있는 지 생각해 보십시오.

학원 다니는 것을 힘들어 하는 학생에게 한 달 쉬라는 학부모의 말은 가뭄의 단비처럼 느껴질 수도 있습니다.

무조건 칭찬하고 편하게 하라는 것이 아니라 일정한 규칙을 가지면서도 즐거움을 느낄 수 있는 학원과 교실 분위기를 만들어야 합니다.

사람이란 남녀노소를 막론하고 즐겁지 않는 일은 항상 그만 두고 싶어 합니다.

거창한 것이 아니라 아주 작은 즐거움이 학생들에게는 큰 즐거움이 될 수도 있습니다.

또한, 우리가 학부모들에게 방학기간의 학습내용을 제대로 알려주지 못했기 때문에 쉬는 것일 수도 있습니다.

우리의 수업이 방학기간에도 너무나 일상적이라서 한 달쯤 쉬어도 무리 없을 것 같다는 생각을 학부모나 학생이 하게 된 것입니다.

어차피 특별한 내용이 아니라면 '다음 달 그 부분은 보충해주시겠지'라는 생각을 학부모께서 할 수도 있습니다.

결국, 우리가 방학을 위한 맞춤형 학습목표를 만들지 못했거나, 학부모에게 우리의 목표를 전달하지 못한 것입니다.

덥고 실질적인 수업일수가 평상시보다 많이 줄어들었음에도 불구하고 방학동안 쉬지 않고 재등록한 학생은 우리에게 더 많은 기대를 하고 있는 셈입니다.

이들 학부모들에게는 방학을 마치고 난 뒤 '한 달 쉬지 않기를 정말 잘했다. 방학 동안 정말 알차게 수업했다'는 마음을 가질 수 있도록 더 노력합시다.

[강사와의 대화 노하우 47]

방학을 마무리하는 마음가짐

방학이 중반을 넘어서고 있습니다.

방학을 시작하면서 야심차게 세웠던 학습 일정과 학습목표를 중간 점검하고 잔여기간을 감안하여 수정할 것이 있다면 조치 바랍니다.

특히 수업일수 부족으로 인해 교재를 마무리 하지 못할 경우 학부모로부터 대충 가르친다는 오해를 받을 수 있으므로 학생의 교재도 미리 점검해야 합니다.

또한, 불쾌지수가 높은 상황에서 아이들 사이에 사소한 말다툼이 싸움으로 확대되는 경우가 있습니다. 수업 중에도 분쟁이 생기지 않도록 학생들 사이의 문제에 적극적으로 대처해 주시기 바랍니다.

방학 중 쉬는 학생은 반드시 학원에 다시 돌아와야 합니다.

방학 중 쉬었던 학생의 학부모와 상담을 통해 방학 이후 준비하는 학습계획을 설명하고 학부모가 다시 학원에 자녀를 보낼 수 있도록 해야 합니다.

성적이 다소 부진한 학생의 경우 8월 말이라도 미리 학원에 오게 하여 그동안의 밀린 과정을 가볍게 보충할 수 있도록 학부모께 설명해 주십시오.

방학 동안 학원을 쉬고 돌아올 학생들은 정말 기다렸던 소중한 학생들입니다. 우리의 기다림을 학부모가 느낀다면 다시 학생들은 우리 곁으로 올 것입니다.

이들의 수준을 빠른 시간 내에 그러나 무리하지 않는 방법으로 기존 수강생들 수준과 어울리도록 더 많은 관심과 노력이 있어야 할 것입니다.

수강생 모두가 여름방학을 정말 유익하게 잘 보냈다는 생각이 들 정도로 교실 분위기를 잘 만들어 주시기 바랍니다.

무더위를 이기며 공부한 노력과 무더위를 이기며 강의를 한 우리의 노력이 보상을 받을 수 있도록 남은 방학기간에도 최선을 다해 주시길 바랍니다.

2학기를 준비하는 노력

프로축구 경기에서 전반전에는 선수교체가 거의 없습니다. 선발로 나온 선수가 큰 실수를 해도 게임 초반이라는 점을 감안하여 대부분 그대로 전반전을 뛰게 합니다.

그러나 후반전은 다릅니다. 후반전 시작과 함께 새로운 선수가 교체돼 그라운드에 등장하기도 하고 게임 종료 1분전에도 선수교체가 이루어지는 경우가 종종 있습니다.

학원에서의 1학기는 축구 경기의 전반전처럼 새로운 마음으로 공부를 시작하고 학원을 등록하는 시기라면, 2학기는 후반전과 마찬가지로 학생의 학습 결과가 가시적인 성과로 나타나야만 하는 중요한 시기입니다.

1학기에는 학원이 다소 불만족스러워도 연초에 계획한 자녀의 학습 일정과 시간을 쉽게 변경하기가 쉽지 않습니다. 그 때문에 학부모는 웬만한 불만사항은 그대로 참는 경우가 많습니다.

그러나 2학기 들어서도 그 불만이 해소되지 않는다면 더 늦기 전에 새로운 학원을 찾게 됩니다.

이처럼 중요한 2학기에는 기존 수강생의 가시적인 성과를 내야하며 이를 통해 학생들을 우리 곁에 그대로 유지해야만 합니다.

각각의 수강생에게 가장 필요한 것이 무엇인지 점검하고 이를 실행함으로써 학부모에게 결과를 보여주어야만 합니다.

또한 2학기 들어서 영어만 수강하던 저학년 학생을 둔 학부모의 관심이 수학에도 강하게 나타나게 됩니다.

따라서 영어만 수강하는 저학년이 자연스럽게 수학 과목을 추가 신청할 수 있도록 선생님들이 자연스런 분위기를 만들어야 합니다.

영어는 1학기에 시도하지 않았던 다른 학습영역을 시도해 우리 학원의 학습결과가 당연시되는 것을 막아야 합니다.

처음 몇 달 우리의 학습결과에 만족한 학부모라도 자녀의 학습 결과에 익숙해지기 시작하면 그 결과만으로는 만족할 수 없게 됩니다.

따라서 학부모가 생각하지 못했던 영역에 대한 시도를 시작하고 학습계획을 알려줌으로써 아직도 학원에서 배울 것이 많이 있다는 것을 생각하게 해야 합니다.

시험결과가 중요한 수학과 전과목은 2학기 시험 준비를 어떻게 할 것인가에 대해 미리 준비하기 바랍니다.

2학기 중간고사가 아직 두 달이 넘게 남았는데도 서점에는 벌써 기출문제집이 출시되어 있습니다. 진도계획과 시험 준비 계획을 미리 세워야 할 것입니다.

누구나 열심히 합니다. 더 정확하게는 모두가 열심히 한다고 말을 합니다. 그러나 전략 없이 열심히 노력하는 것은 별 의미가 없는 경우가 더 많습니다.

지금 나아가는 방향이 어디인지 알아야 하며, 그 곳에 빠르고 정확하게 도착하기 위해 효과적인 수단을 가지고 있어야 합니다.

또한 그곳으로 가면서도 끊임없이 전략을 재점검해야 합니다.

점검 결과 방향이 틀리고 수단이 잘못됐다면 즉시 수정하십시오.

지금은 후반전이 막 시작된 축구경기와 같습니다. 경기장에는 골이 필요하고 우리에게는 학생의 '성적 향상'이 필요합니다.

10월은 결실의 계절

학원의 경쟁관계가 수시로 바뀌고 있습니다.

문을 닫는 학원도 있지만 프로그램을 변경하고, 층을 확장하여 새롭게 리뉴얼 하는 학원도 있습니다.

그런 학원들은 경쟁에서 충분히 이길 수 있는 경쟁력을 갖추었거나 경쟁을 이길 능력이 있다고 생각하는 것입니다.

언론의 보도에 의하면 추석연휴 3일 집중수업에 120만원 하는 학원이 있었습니다. 부자를 대상으로 하는 학원이 아니라 고3 수험생 대상의 논술학원입니다.

학부모들은 그만한 가치가 있다고 평가하기 때문에 학생들을 등록시키는 것이고, 그 학원은 그 가치를 인정받고 내년에도 지속적으로 운영하기 위해서는 그만한 성적을 내야만 합니다. 그만한 성적을 얻지 못하면 내년에는 문을 닫게 될 것입니다.

우리 학원의 위치는 아주 저렴하지도 아주 비싸지도 않습니다. 그러나 그 평가는 학부모의 수준과 학생의 성적(실력)에 따라 결정됩니다.

자녀의 성적이 빠르게 늘면 비싸도 좋은 학원 혹은 저렴하면서도 좋은 학원으로 평가 받을 것이며, 성적이 오르지 않는다면 비싸기만 하고 좋지 않은 학원 혹은 싸구려에다 공부도 못 가르치는 학원으로 평가 받을 것입니다.

4/4분기가 시작되는 10월을 잘 시작해야 합니다.

가을을 결실의 계절이라 하는 것은 학원에서도 그대로 적용됩니다.

수능시험도 가을에 보는 것이라 학습의 최종 평가는 가을에 받게 되는 셈입니다.

우리의 노력과 수고가 학부모에게 높은 평가를 받기 위해서는 수강생들이 학교시험과 외부시험에서 눈에 띄는 등급향상과 성적향상을 기록해야만 합니다.

프로야구에서도 정말 성실히 했고 국민감독이라는 칭호를 받았던 분들도 성적저하 앞에서는 재계약 탈락이라는 현실을 경험해야 합니다.

학원은 오로지 성적으로 평가받는 다는 것을 생각하며 학생들의 성적향상을 위해 최선을 다해 주시기 바랍니다.

[강사와의 대화 노하우 50]

겨울방학을 맞이하는 준비

학생들에게 방학은 학교를 가지 않는 휴가 기간입니다.

여름방학은 학부모도 자녀가 한 달 동안 잠시 쉬는 것을 허락하기도 하지만 겨울방학은 다릅니다.

겨울방학은 학년이 바뀌는 중요한 시기라는 것을 학부모는 인식하고 있으며 여름방학보다도 더 집중적인 학습을 요구하게 됩니다.

따라서 여름방학보다도 더 프로다운 모습을 보여줘야만 합니다.

학생들에게는 새학년이 된다는 것, 새학년 과정을 미리 배운다는 것에 자부심을 느낄 수 있도록 학생들을 격려해야 합니다.

방학은 학교시험에서 가장 멀리 떨어져 있는 시기입니다. 학생들을 위해 꼭 해야만 했지만 시험 때문에 진행하기 어려웠던 부분에 대한 집중적인 학습이 필요합니다.

이 기간 어떤 내용을 학생들과 함께 공부할 것인지, 그것을 어떻게 진행할 것인지 구체적인 계획을 세워야 합니다.

그 계획을 세우는 것도 혼자서 고민하지 마십시오.

서점에 그 답이 있고 인터넷에 그 답이 있을 수 있습니다. 그들 전문가의 도움을 받아 학생들을 위한 멋진 계획을 세울 수 있습니다.

세상에 있는 전문가를 적극 활용하십시오.

겨울방학이 시작되면 학원가에는 많은 변화가 생길 것입니다.

학부모는 1년 동안의 학원 생활을 평가하고 그 평가를 바탕으로 새로운 학원으로 이동할 수도 있습니다. 우리 학원을 떠나기도 하고 우리 학원으로 오는 학생도 있습니다.

우리와 함께 공부하는 소중한 학생들과 내일도 함께 하고 싶다면 미리 계획하고 그 학생들을 위해 방학을 어떻게 보낼 것인가 미리 준비하십시오.

준비하지 않으면 우리에게 소중한 학생들이 떠날 수도 있습니다.

[강사와의 대화 노하우 51]

한 해를 정리하는 마음가짐

올 한해 수고 많으셨습니다.

새해 인사를 한지가 엊그제 같은데 벌써 한 해를 정리하는 시간이 오고 있습니다.

지난 일 년을 되돌아보면서 잘한 일, 못한 일, 아쉬운 일을 생각해보고 다가오는 새해를 미리 준비 하십시오. 일상이 계속되다 보면 어제의 것, 익숙한 것을 그대로 쓰게 되는 것이 인지상정입니다.

그러나 세상은 변하고 있고 교육환경은 세상보다도 더 빠르게 변하고 있습니다.

교육환경이 변하는데 우리가 변하지 않고 익숙한 것을 고집한다면 우리는 그대로 있는 것이 아니라 퇴보하는 것일 뿐입니다.

교육환경의 변화에 맞게 우리의 강의 내용과 강의법, 그리고 학생들과의 대화법이 변하지 않는다면 우리는 학생들과 학부모에게 인기 없는 선생님, 인기 없는 학원으로 전락할 것입니다.

올해 정말 좋은 효과를 보았다고 생각 되는 베스트를 제외하고는 모든 것을 바꾸겠다는 생각으로 새해를 준비해 주시기 바랍니다.

지난해 만들었던 자료 중 절반은 무조건 버리고, 올해 만든 것의 1/3은 무조건 버리십시오. 버려야 새로운 것으로 채울 수 있습니다.

어제의 방법이 오늘은 통하지 않을 수 있습니다. 작년에 성공한 방식이니 올해도 그대로 쓴다면, 내년에도 그것을 쓸 것입니다.

새해를 맞아 온 세상은 새로운 마음과 희망으로 가득찰 것입니다. 선생님들도 새해를 맞아 새로운 마음으로 새로운 방식을 새롭게 시도하십시오.

새해에는 새로운 시도를 해 보십시오.

강사 상여금 지급시 동봉한 감사 메시지

2013년 올 해는 뱀의 해입니다.

뱀은 다리가 없습니다. 그럼에도 혹독한 사막은 물론 다습한 아마존에서도 놀라운 생명력을 보여주고 있습니다.

지금 학원계는 '방과후 학교'로 대표되는 사교육 줄이기 정책으로 인해 그 어느 때보다 어려운 상황입니다.

그러나 다리가 없는 뱀이 먹이사슬의 높은 곳에 자리 잡고 있듯 어려운 환경에서도 우리 OPEN 학원은 충분히 성장할 수 있습니다.

대형학원이 제공할 수 없는 차별화된 가치를 학생과 학부모들에게 제공한다면 우리 OPEN 학원은 학부모에게 가장 좋은 학원으로 인정받을 수 있습니다.

두 아이를 보내는 학부모의 입장에서도 아이들이 정말 좋은 학원을 다닌다는 평을 받으면 좋겠습니다. 학부모가 '정말 좋은 학원'으로 느낀다면 다른 이들에게도 적극적으로 권하게 될 것입니다.

올 해는 학부모가 정말 보내고 싶은 그런 OPEN 학원을 만들고 싶습니다. 입학상담을 할 때 그저 가까워서 보내는 것이 아니라 정말 좋은 학원이 집 가까이 있어 너무 좋다는 말을 듣고 싶습니다.

새해에도 선생님께 항상 좋은 일만 계속되기를 바라며, 학부모가 꼭 보내고 싶은 그런 OPEN 학원을 선생님과 함께 만들고 싶습니다.

3부

학부모와
효과적인
커뮤니케이션

지속적으로
성장하는
학원 만들기

TIP 가정통신문 1   가정통신문의 새해 인사

謹賀新年

2013년 새해를 맞아 가정 내 평안함과 건강함이 계속되기를 진심으로 기원합니다.

귀한 자녀를 성장학원에 맡겨 주신 것에 진심으로 감사드립니다.

2013년 새해에도 저희 성장학원은 학부모님의 소중한 자녀의 성적향상과 올바른 학습관 형성을 위해 최선을 다하겠습니다.

저희 성장학원에 대한 학부모님의 성원과 지지에 진심으로 감사드리며 새해에도 많은 지원과 지지 부탁드립니다. 감사합니다.

TIP 가정통신문 2   학원 여름방학 안내

방학 안내

저희 성장학원은 8월 2일부터 4일까지 3일간 여름방학을 실시합니다. 일 년에 한 번 있는 저희 학원 방학기간 가족들과 즐거운 시간을 보내기를 바랍니다.

저희 성장학원 일동은 이 기간 재충전을 통해 더욱 활기차게 수업할 수 있도록 할 계획입니다. 방학을 마치면 정해진 과정을 모두 수료할 수 있도록 보충과 보강 등을 실시할 계획입니다.

학원 방학기간 가족과 함께 즐거운 시간 보내시길 바랍니다.

TIP 가정통신문 3 — 2학기 가정통신문 발송시 인사말

2학기가 시작됐습니다.

저희 성장학원을 믿고 소중한 자녀들을 보내 주신 것에 진심으로 감사드립니다.

2학기가 시작되면서 연초에 학부모님께 약속했던 학습목표와 입학상담 시 학부모님께 말씀 드린 학습 목표를 되돌아봅니다.

지난 1학기를 반성하고 이를 토대로 2학기에는 소중한 학부모님의 자녀가 학습에 대한 열정이 좋아지고 성적향상이 이뤄지도록 더욱 노력하겠습니다.

또한, 수강반 조정을 원하시면 언제든지 학원으로 연락 주십시오. 학부모님의 의견을 반영하여 수강반 편성하겠습니다.

감사합니다.

TIP 가정통신문 4 — 학부모 대상의 신입생 추천 이벤트 안내

신입생 추천 Event 안내

저희 성장학원을 믿고 소중한 자녀를 맡겨 주신 것에 진심으로 감사드립니다.

저희 성장학원에 새로 들어오는 많은 학생 중 기존 학생의 학부모님께서 추천해주신 학생이 적지 않습니다. 진심으로 감사드리며 성원에 보답하고자 학원에 신입생을 추천해주신 학부모님께 감사의 선물을 드리고 있습니다.

이번 1월부터 3월말까지 신입생을 추천해 주신 학부모님께 저희 성장학원에서 현금처럼 사용하실 수 있는 5만원 상당의 〈성장학원 상품권〉을 선물로 증정해 드립니다.

(학생 1명 등록시마다 5만원 상품권 증정)

학부모님께서 추천하신 학생이 학원에 등록할 때 추천인란에 적은 학부모 한 분에게만 상품권을 드리오니 학부모님이 추천하신 신입생이 학원에 등록할 때 추천인란에 학부모님 성함을 꼭 기록할 수 있도록 말씀해 주십시오.

학부모님과의 상담 시 약속했던 성적향상을 위해 저희 성장학원은 더욱 노력하겠습니다.

TIP 가정통신문 5 ## 영어 온라인 학습을 위한 컴퓨터실 활용 안내

영어 동영상 학습실 확장 안내

영어 말하기 실력을 높이기 위해서는 많이 읽고, 많이 듣고, 많이 말하는 것이 필요합니다. 이를 위해 저희 성장학원은 온라인 프로그램을 주3회 이상 과제로 내고 있습니다.

효과적인 동영상 학습을 위해 학원에 동영상 교실을 새로 만들어 학생들이 학원에서도 동영상 학습을 할 수 있도록 준비했습니다.

학원에는 총 10대의 동영상 학습용 컴퓨터가 준비되어 있습니다.

가정에서 동영상을 시키고 싶어도 학습 이외의 용도의 컴퓨터 사용 문제로 걱정하시는 학부모님을 위해 동영상 학습 과제를 학원에서도 할 수 있도록 준비했습니다.

영어 실력을 늘리기 위해서는 영어 말하기 연습이 필수적이며 동영상 프로그램을 활용한 학습이 필요합니다. 학원에서 적극적으로 온라인 학습에 참여할 수 있도록 많은 격려 부탁드립니다.

TIP 가정통신문 6 — 영어 도서관 신설 안내

영어도서관 운영 안내

저희 성장학원을 믿고 소중한 자녀들을 보내 주신 것에 진심으로 감사드립니다. 소중한 자녀의 영어 실력 향상을 위해 저희 성장학원은 항상 노력하고 있습니다.

저희 성장학원은 소중한 수강생들의 영어 실력 향상을 위해 〈OPEN 영어도서관〉을 6월부터 운영합니다.

아이들이 처음 우리말과 글을 배울 때, 다양한 책을 읽고 듣는 것이 도움이 되듯 영어도 많이 듣고, 읽다 보면(Input) 자연스럽게 말하고 쓸 수(Output) 있습니다.

영어 독서를 통해 영어를 습득하는 방법은 학원에서 배우는 영어 학습과 병행할 때 더욱 큰 효과를 얻을 수 있습니다.

또한, 영어책을 읽으면서 독서하는 습관도 저절로 익히고 영어에 대한 두려움도 극복할 수 있습니다. 실제로도 영어독서 중심의 영어학습법으로 영어 말하기에 성공한 사례가 언론을 통해 많이 소개되고 있습니다.

〈OPEN 영어도서관〉에서는 파닉스 과정을 막 마친 학생이 읽을 수 있는 기초 수준의 동화책부터 챕터 북, 위인전 등 인기 있는 500여권의 도서를 구비했습니다.

도서관 신청 학생은 테스트 후 독서수준이 결정되며 학생들은 각각의 수준에 맞는 영어 도서를 대출하여 가정에서 읽고 간단한 독서록을 기록한 뒤 학부모님 확인을 받게 됩니다.

효과적인 도서 관리와 주기적인 교재 Up-Grade를 위해 〈OPEN 영어도서관〉은 유료 회원제로 운영되며 매월 소정의 회비를 납부한 회원에게만 도서 대출이 이루어집니다.

학부모님의 많은 관심 부탁드리며 궁금하신 내용 있으면 학원으로 연락 주시기 바랍니다. 감사합니다.

TIP 가정통신문 7 수학 미수강생에게 기말대비 수학 문제집을 발송하며 보내는 메시지

안녕하세요. 성장학원입니다.

저희 성장학원을 믿고 소중한 자녀를 맡겨 주신 것에 진심으로 항상 감사드립니다. 새 학기가 시작되지 얼마 안 된 것 같은데 벌써 중간고사 시험 준비가 시작됐습니다. 저희 성장학원 수학반 수강생들은 금주부터 수학시험 대비 공부가 시작됐으며, 수강생 모두가 좋은 성적을 올릴 수 있도록 최선을 다하고 있습니다.

이달 말 시험을 준비하는 학부모님과 학생을 위해 중간고사 시험대비 교재를 보내 드립니다. 지난해 학원에서 사용했던 교재지만 개정된 내용이 반영되어 있어 시험 준비에 도움이 될 것으로 생각하고 있습니다.

저희 성장학원에 대한 학부모님의 관심과 기대에 감사드리며 열심히 공부하는 서영이가 수학시험도 좋은 점수를 받았으면 정말 좋겠습니다. 감사합니다.

TIP 가정통신문 8 영어 수강생 학부모에게 보내는 수학등록 안내문

홍길동 학부모님

저희 성장학원을 믿고 소중한 자녀를 맡겨 주신 것에 진심으로 감사드립니다.

성장학원은 영어 수학 전문 학원으로써 영어는 OPEN 영어 프로그램으로 영어 말하기 능력을 키우고 있으며, 수학은 OPEN 수학 프로그램을 활용해 학생들의 수학실력 향상을 위해 노력하고 있습니다.

9월은 수학 학습에 있어 가장 중요한 시기입니다. 저희 학원에서는 9월부터 12월초까지 약 100일간 2학기 과정 전반에 대해 공부하게 되며 첫 단원이 시작하는 시기가 바로 9월초입니다.

특히 초등학교 수학에서 가장 어려운 과정인 4-2학기 학습이 시작되는 시기입니다. 이 시기에 기초실력을 튼튼하게 쌓는다면 학생들은 수학을 두려워하지 않습니다.

저희 학원의 4학년은 현재 총 5개 수준의 6개 학습반이 운영 중에 있습니다.

주 5일반은 현재 1개 반이 운영 중이며 매일 50분간 학습하게 되며, 나머지 5개 수강반은 주 3일(100분 2회, 50분 1회) 방식으로 수업이 진행됩니다.

수학 수강생은 매달 총 5단계의 수준별 테스트를 활용해 월말고사를 치르며 학부모님께는 OPEN 수학 본사 프로그램을 활용한 성적분석표가 제공됩니다.

또한, 월말고사 성적에 따라 3개월 단위로 수강반을 조정하여 학생들의 효과적인 수준별 학습이 이루어지도록 노력하고 있습니다.

또한 연 2회 언론사와 OPEN 수학 본사가 공동으로 주최하는 전국단위의 수학 경시대회에 참여하고 있습니다.

저희 성장학원에서 공부하는 OPEN수학 수강생 중에서 2011년 한국수학학력평가(KME)에서는 송파구 1등 /서울시 35등(한국초) 2012년 시험에서는 송파구 1등 / 서울시 6등(서울초)을 수상한 바 있습니다.

성장학원 수강생 모두가 영어와 수학을 좋아하고 잘 할 수 있도록 최선을 다하고 있습니다. 자녀의 수학 학습과 관련해 궁금하신 점 있으시면 언제든 연락 주십시오.

최선을 다해 답해 드리겠습니다. 감사합니다.

 **TIP 가정통신문 9** **퇴원생 학부모에게 방학기간 보내는 DM 메시지**

안녕하세요. 홍길동 학부모님.

성장학원입니다. 그 동안 잘 지내셨는지요.

지난해 처음 학부모님께서 처음 학원을 방문하실 때 상담하면서 많은 약속을 했고 그 약속을 지키기 위해 많은 노력을 했지만 그 약속을 지키지 못한 것 부분도 적지 않은 것 같습니다.

그러나 성실하게 약속을 지키고자 하는 마음은 아직도 그대로입니다.

매일매일 아이들과 대화하고 아이들을 가르치면서도 한편으로는 아이들의 행동과 사고, 아이들의 언어와 습관을 배우고 있습니다.

아이들은 저를 가르치고 있는 셈입니다.

아이들은 제가 정말 중요한 일을 하고 있음을 느끼게 해 줍니다.

특히, 두 아이들이 학원에서 반 친구들과 공부하는 모습을 보면서 우리 학원에 다니는 아이들 모두가 즐겁게 열심히 공부하도록 지도해야겠다는 학부모의 마음으로 아이들을 지도하게 됩니다.

학부모님의 가정에 좋은 일만 계속되기를 기원하며 학습과 진학에 관련하여 궁금하신 점 있으시면 언제든 전화 주십시오.

최선을 다해 답변 드리겠습니다. 감사합니다.

TIP 가정통신문 10 · 신입생을 추천해준 학부모에게 보내는 감사 편지

안녕하세요. 홍길동 학부님.

저희 성장학원을 믿고 소중한 자녀를 보내 주신 것에 항상 감사드립니다.

학부모님께서 저희 학원을 믿고 김서영 학생을 추천해 주심에 진심으로 감사드립니다. 학부모님께서 추천해 주신 김서영 학생이 저희 학원에서 학습하면서 실력이 빠르게 늘 수 있도록 노력 하겠습니다.

김서영 학생의 실력을 높이는 것이 학생을 추천해주신 학부모님께 가장 좋은 선물이라 생각합니다.

다시 한 번 감사의 마음을 전하며 감사의 의미로 저희 학원에서 현금처럼 사용하실 수 있는 성장학원 교육상품권을 보내 드립니다.

상품권은 다음 달 수강료 납부 시부터 사용할 수 있습니다. 앞으로도 더욱 열심히 노력하겠습니다.

감사합니다.

TIP 가정통신문 11

테스트를 받았지만 등록하지 않았던 학부모에게 보내는 편지

안녕하세요. 홍길동 학부모님

지난 5월 홍길동 학생의 수학 테스트를 실시했던 성장학원입니다. 기억하시는 지요. 그 시험에서 홍길동 학생은 높은 성적을 받았는데 학원 사정상 입학하지 못했습니다.

다름이 아니라 2013년 8월부터 초등 경시반 강좌가 개설됩니다. 학교 수준의 수학을 넘어 KME 본선 및 KMO 수준의 문제를 해결할 수 있는 능력을 목표로 하고 있습니다.

수강 정원은 6명이며 주 3회 200분 수업이며, 점프 OPEN수학 수준의 교재를 활용할 예정입니다.

현재 홍길동 학생과 비슷한 수준의 학생 3명이 9월부터 수업을 시작할 예정입니다. 담당 교사도 경시반 강의 경력이 있는 수학 전담교사가 새롭게 강의를 진행하게 됩니다.

수학 재능이 뛰어난 홍길동 학생이 저희 성장학원에서 더욱더 실력을 높일 수 있기를 희망합니다.

수학 학습과 관련해 궁금한 것이 있으시면 언제든 연락 주시면 정성껏 답해 드리겠습니다. 감사합니다.

TIP 가정통신문 12 월말 성적표 발송 가정통신문 인사말

2012년 댁내 언제나 즐거움이 가득하길 바라며, 저희 학원을 믿고 귀한 자녀를 맡겨 주셔서 감사드립니다.

6월 한 달 저희 성장학원에서 공부한 원생들의 학습태도 및 장단점에 대한 리포트 및 영어 월말고사 및 수학 월말고사를 기본으로 한 성적분석표를 보내 드립니다.

각각의 평가는 OPEN 영어와 OPEN 수학 프로그램이 정한 체계적인 평가 방법에 따라 실시됐습니다.

성적이 오른 과목에 대해서는 많은 칭찬 해주시고, 성적이 다소 부진한 과목에 대해서는 많은 격려 부탁드립니다.

다음 달에는 더 좋은 성적표를 보내드리도록 노력하겠습니다.

감사합니다.

TIP 가정통신문 13

월말고사를 치르지 못해 성적분석표 없이 리포트를 보낼 때 메시지

저희 성장학원은 수강생 대상으로 매달 월말고사를 치르고 성적분석표를 발행해 자녀의 수학능력을 확인하고 부족한 부분과 잘하는 부분을 점검하는 성적분석표를 보내드리고 있습니다.

그러나 이번 달은 OPEN 수학 본사의 성적분석 시스템 개편 작업으로 인해 성적분석표가 발행되지 못했습니다. 이로 인해 이번 달에는 성적분석표를 제외한 수강생의 월말고사 시험지 및 수업중 평가지를 가정으로 보내 드리며 담당 교사의 리포트로 대체됩니다.

본사의 성적 분석 시스템이 개통되면 이번 달 시험 성적에 대한 분석표를 학부모님께 보내 드리겠습니다.

OPEN수학 본사의 성적 분석 시스템이 개통하면 더욱 상세한 성적분석표가 발행될 예정입니다. 많은 이해 부탁드립니다.

TIP 가정통신문 14

방학기간 사정으로 월말고사를 치르지 못했을 때 메시지

저희 성장학원은 수강생 대상으로 매달 월말고사를 치르고 성적분석표를 발행해 자녀의 수학능력을 확인하고 부족한 부분과 잘하는 부분을 점검하는 성적분석표를 보내드리고 있습니다.

방학이 진행되는 이번 달은 각 반의 수업일수 차이로 인해 학생들의 월말고사가 일률적으로 치러지지 못했습니다.

수강생중 일부가 참여하지 않는 경우 석차와 성적분석 내용이 왜곡될 우려가 있어 이번 달은 성적분석표를 발행하지 않고 월말고사를 본 학생의 시험지와 교사가 직접 작성한 분석 리포트를 보내 드립니다.

2학기 선행 전 과정에 대한 평가는 8월말 일제히 치러지며 9월 가정통신문 발송할 때 함께 보내 드리겠습니다.

학부모님의 이해 부탁드립니다.

TIP 가정통신문 15 수학 수강료 인상 안내문

수학 수강료 조정 안내

소중한 자녀의 미래를 위해 저희 성장학원을 믿고 자녀를 보내주신 학부모님께 항상 감사드립니다.

2013년 9월부터 부득이 하게 OPEN 수학 교육비를 인상하게 되었습니다. 이번 OPEN수학 수강료 조정은 만 3년 만에 이루어진 것입니다.

교재의 경우 5월부터 OPEN 수학 본사의 월교재가 인상되었으나 그동안 반영하지 않고 있었으며, 9월부터 교재 인상분이 반영되어 현재의 1만5천원에서 2만원으로 조정됩니다.

저희 성장학원은 반별 수강인원(최대 8명)을 줄이고 수준별 학습(학년별 최대 5개)을 강화하기 위해 많은 노력을 기울여 왔으며, 학년별로 영재교육원 대비반까지 운영하고 있습니다.

소중한 자녀의 수학실력 향상을 위해 더 좋은 환경에서 수업하기 위해서는 어쩔 수 없이 수강료조정이 이루어지게 됐습니다. 학부모님의 이해 바랍니다.

저희 성장학원은 학부모님의 기대에 부응할 수 있도록 최선을 다 하겠습니다.

TIP 가정통신문 16 — 겨울방학 기간 시간표 변경 안내

겨울방학기간 수업 시간 변경 안내

1월부터는 새학기 선행학습이 본격화되면서 학생들의 수준에 따라 수강반이 변경되었습니다. 이와 함께 학생들의 편의와 수업의 집중도를 높이기 위해 낮 시간대로 강의시간이 조정됩니다.

수강생별 방학기간 시간표를 보내 드리오니 확인하시고 조정해야 할 부분이 있으면 학원으로 연락 주시기 바랍니다.

또한, 방학기간중 학생의 캠프 참가 등으로 결석이 예상될 경우 미리 학원으로 연락주시기 바랍니다. 보충수업을 통해 학습에 지장이 없도록 조치하겠습니다.

TIP 가정통신문 17 — 신설되는 수강반으로 배정되는 학생 안내문

수강반 조정후 변경 시간표 안내

소중한 자녀를 저희 학원을 믿고 보내 주신 것에 항상 감사드리며 학부모님과의 약속을 지키기 위해 최선을 다하겠습니다.

학부모님과 약속한 수준별 학습을 세분화하여 OPEN 수학 4학년 화목금반이 새로 신설했습니다. 길동이가 들어갈 신설반의 시간은 화/목/금요일 4:40 ~ 6:20분 등 주3일 총 300분입니다.

신설되는 수강반의 level은 4학년의 5개 수준(선행 심화반 포함)에서 위에서 2번째 난이도의 수학을 학습하게 됩니다.

홍길동은 9월부터는 새로 신설되는 수강반으로 이동하여 수업을 하게 됩니다. 신설반은 수강 인원은 6명으로 시작되며 최대 정원은 8명입니다.

새로운 반은 경시반 강의 경력이 있는 실력 있는 수학 전담교사가 진행할 예정이오며, 수강반 이동과 관련해 궁금하신 점 있으시면 연락 주시기 바랍니다.

TIP 가정통신문 18 — 수강반 조정으로 이동하는 학생에게 보내는 안내문

저희 성장학원을 믿고 소중한 자녀들을 보내 주신 것에 진심으로 감사드립니다.

새학기가 시작되는 9월부터 학생수준에 따른 수강반이 편성되고 학년을 반영하여 수강생들의 수업시간이 변경됩니다.

이번 변경된 시간표는 올 연말까지 적용되며, 시험 결과 및 학부모님 의견을 반영해 자녀의 수강반은 월 단위로 조정될 수도 있습니다.

저희 성장학원은 학생들의 수준에 따라 영어는 무학년 수준별 학습이 이루어지고 있으며, 수학은 학년별로 3~5개 수준으로 나누어 수업이 이루어지고 있습니다.

학원에서 편성한 시간표에 대해 의견 있으시면 학원으로 연락 주십시오. 학부모님의 의견을 최대한 반영할 수 있도록 노력하겠습니다.

감사합니다.

TIP 가정통신문 19 프랜차이즈 회사의 수학경시대회 참가 안내문

제30회 한국수학학력평가 참가 안내

저희 성장학원을 믿고 귀한 자녀를 맡겨 주셔서 감사드립니다. ㈜ OPEN 수학과 한국신문이 주최하는 제 30회 한국수학학력평가(KME)가 다음과 같이 개최됩니다.

한국수학학력평가(KME)는 교과서 수준의 기본과정을 중점 평가하고 이에 대한 시상을 함으로써 수학에 대한 의욕과 자신감을 높이는 한편, 심화과정 내용의 평가를 통해 문제해결에 도전하는 기회를 제공하는 국내 최고의 수학경시대회중 하나입니다.

KME 성적 우수자는 금상, 은상, 동상을 수상하게 되며 상장은 해당 학교로 전달돼 학생의 담임선생님이 직접 수여하게 됩니다.

저희 성장학원에서는 많은 학생들이 한국수학학력평가(KME)에 참여하여 수학에 대한 자신감을 높일 수 있도록 준비하고자 하오니 학부모님의 참여 부탁드립니다.

기말고사 대비 학습 안내

학기말 고사 및 수학경시 준비 안내

저희 성장학원은 6월 한 달 학교 기말고사 및 수학경시대회 준비를 진행합니다.

이 기간 1학기 동안 공부한 내용 전반을 재점검하고 부족한 부분을 보충하고 출제경향에 맞게 시험 준비를 하게 됩니다.

매년 시험의 경향이 바뀌고 있으며 올해는 서술형 문제의 비중이 더 높아지고 난이도도 상향 조정될 것으로 예상됩니다.

저희 성장학원은 중간고사의 시험경향을 반영하여 기말고사에서는 수강생 모두가 좋은 성적을 거둘 수 있도록 노력하겠습니다.

1학기 총정리를 실시하는 관계로 매월 치르는 월말고사는 5월에 실시하지 않았습니다. 월말고사는 6월 중순에 2실시하여 성적분석표를 별도로 발송해 드릴 예정입니다.

기말고사와 관련 문의하실 내용 있으시면 학원으로 연락 주십시오. 학부모님의 의견이 최대한 반영될 수 있도록 바로 조치하겠습니다.

방학기간 PELT 응시 준비 및 시험안내

PELT 응시 안내

저희 성장학원은 초등대상의 영어자격시험인 PELT JR. 시험을 8월 22일 응시하고자 합니다. 이를 위해 7,8월 수업시간을 통해 시험 준비를 진행하고 있습니다.

PELT JR.은 초등학생수준의 영어 듣기 읽기 능력과 어휘 문법의 지식수준을 바르고 정확하게 측정하는 초등수준의 영어 능력 자격 검정입니다.

시험형태는 설정된 난이도 기준에 따라 어린이들이 활동하는 범위를 가정, 학교, 사회생활로 점차 확대시켜 그 과정에서 전개되는 상황을 나타내는 영어를 듣거나 읽고 답을 고르거나 쓰는 시험입니다.

시험의 총점은 200점 만점으로 구성되며 120점 이상 득점이 합격 기준입니다. PELT 인증서 획득은 여름방학을 보내는 학생들의 좋은 학습 목표가 될 것입니다.

응시료외 별도 비용은 없으며 학원에서 시험장까지 인솔 후 시험을 마치고 귀가시킬 예정입니다. 많은 참여 부탁드립니다.

TIP 가정통신문 22 방학기간 영어 수강생 대상으로 TOSEL 응시 안내

TOSEL 응시 안내

저희 성장학원을 믿고 소중한 자녀를 보내 주신 것에 진심으로 감사드립니다. 성장학원은 EBS가 주관하는 영어인증 TOSEL 시험을 1월 23일(토) 응시하고자 합니다. 현재 정규 수업시간을 통해 시험 준비가 진행되고 있습니다.

TOSEL은 평가유형에 따른 개인별 장점과 단점을 지적하고, 개인별 영어학습의 방향을 제시하는 성적분석 자료를 제공하여 영어능력에 대한 종합검진 서비스를 제공하는 영어능력인증 시험제도입니다.

우리 학원은 High Junior(중등수준), Junior(중등수준), Basic(초등수준), Starter(초등수준) 등 4개 부분을 응시하게 되며 학생들의 수준에 알맞게 학습하게 됩니다. 각 시험은 100점 만점으로 각각의 레벨에서 1~10 등급의 인증서가 개개인에게 제공됩니다.

방학을 맞아 자녀의 영어 실력 향상을 위해 인증시험 응시에 많은 관심과 참여 부탁드립니다.

TIP 가정통신문 23

TOSEL 성적표 발송 안내문

TOSEL 성적 발송 안내

저희 성장학원을 믿고 소중한 자녀를 보내 주신 것에 감사드리며, 지난 1월 23일 실시된 TOSEL 시험 결과를 학부모님께 보내 드립니다.

TOSEL은 평가유형에 따른 개인별 장점과 단점을 지적하고, 개인별 영어학습의 방향을 제시하는 성적분석 자료를 제공하여 영어능력에 대한 종합검진 서비스를 제공하는 영어능력인증 시험제도입니다.

이번 시험은 High Junior(중등수준), Junior(중등수준), Basic(초등수준), Starter(초등수준) 등 4개 부분을 응시하였으며 100점 만점의 점수를 바탕으로 학생들의 점수에 따라 1~10 등급의 인증서가 학생에게 제공됩니다.

저희 성장학원은 이번 시험 준비를 통해 학생들의 성장하는 모습을 확인할 수 있었습니다.

이에 따라 여름방학에도 영어 인증시험을 응시할 계획입니다.

24회 TOSEL 정기시험(8월 14일) 응시를 목표로 7~8월 동안 학습할 계획입니다.

특히 학부모님을 위해 별도의 추가 수업료 없이 정규 수업시간을 활용하여 준비할 계획입니다.

방학 동안 열심히 공부해 좋은 성적을 얻은 자녀에게 많은 칭찬과 격려 부탁드립니다.

다음 시험에서는 더 좋은 점수를 받을 수 있도록 노력하겠습니다. 감사합니다.

TIP 가정통신문 24 예비중 개편 안내(11월 이전 안내문)

소중한 자녀를 저희 성장학원에 맡겨 주신 것에 진심으로 감사합니다.

초등 6학년 과정은 중학교 입학을 앞 둔 중요한 만큼 어느 때보다 중요한 시기입니다. 이에 따라 영어학습의 목표와 내용 또한 시기의 중요성에 맞게 변경되어야 합니다.

저희 성장학원은 현 초등 6학년의 과정을 예비중1과정(주간 총360분 수업)으로 전환하여, 매일 수업방식을 주 3일 120분 수업하는 방식으로 변경하고자 합니다.

주 3일체제로 변경과 함께 중등내신 영어에 교과서에 대한 선행학습도 시작됩니다. 자녀들이 배정받게 되는 교과서 본문에 대한 사전 학습을 통해 본문을 숙지할 수 있도록 학습하고 암기 테스트를 통해 완벽하게 습득할 수 있도록 할 계획입니다.

또한 영어 어법과 문법에 대한 학습도 강화되어 서술형 문제에 대한 해결능력을 강화하는데 중점을 두고자 합니다.

수업체제 변경 후에도 영어 말하기 수업은 함께 병행하며 동영상 말하기와 온라인을 통한 단어 암기 학습은 지속됩니다.

혹시나 다른 사정에 의해 주 3일 수업보다는 주5일 수업을 해야 할 경우는 학원으로 연락 주십시오. 현재 6학년 수강반 중 1개 반은 3월 중학교 입학 전까지 매일반으로 운영될 예정입니다.

저희 성장학원의 중등부 수강생은 매년 전교 5위 이내 학생이 10여 명 배출되고 있으며, 특히 성장학원에서 4년간 배우고 있는 학생이 한국중 1학년 전교 1등을 기록하고 현재 수강중에 있습니다.

중등과정에서도 학부모님의 꿈을 실현시키기 위해 저희 성장학원은 더욱 노력하겠습니다. 감사합니다.

TIP 가정통신문 25 — 방학기간 중 예비중1 학부모 대상 영어과목 통신문

성장학원 예비중1 학습 Report

12월부터 시작된 예비중1 영어 과정은 ▶ 중학교 영어 학습에 꼭 필요한 문법/독해/듣기/어휘 실력을 높이는 것과 함께 ▶ 중1 교과서 내용을 완벽하게 익히고, 중등 내신 시험에 필요한 유형의 문제를 풀 수 있는 능력을 키우는 것에 중점을 두고 진행되고 있습니다.

특히 문법과 독해에 많은 시간을 배정하여 학생들이 다양한 형태의 문장을 스스로 읽고 이해할 수 있는 기본 실력을 높이는데 중점을 두고 있습니다.

또한, 정해진 과제 없이 스스로 공부할 수 있는 습관을 키우기 위해 과제물을 줄이는 대신 매일 교과서 본문 15개와 중등 필수단어 60개 test를 수업의 마지막 부분에 배치하였습니다.

규영이는 이번 달 예비중 과정 수업에도 적극적으로 참여했습니다. 본문 암기와 단어 암기 테스트도 미리 준비해와 매 번의 시험을 어렵지 않게 통과하고 있습니다.

독해영역에서도 이해력도 빠르고 정확한 해석을 하기 위해 노력하고 있습니다.

다만, 자신이 알고 있는 내용을 정확하게 발표하고 적극적으로 표현하는 노력이 필요합니다. 학원에서도 발표를 많이 하도록 도와주고 있으니 학부모님도 많은 격려와 칭찬 부탁드립니다.

방학기간 중등과정에 대한 확실한 학습으로 중학교 진학 후에도 좋은 성적을 거둘 수 있도록 더욱 노력하겠습니다.

TIP 가정통신문 26 중학교 입학 직후 발송하는 학습 리포트

김규영 학부모님.

방학 동안의 예비중1 영어 과정을 마치고 3월부터 본격적인 중1 영어 과정이 시작됐습니다. 최근의 중등영어는 기존과는 달리 말하기 영역과 서술형 문제가 강화되고 있습니다.

이에 따라 3월부터 시작된 저희 성장학원의 중1 영어 과정은 ▶ 중학교 영어 학습에 꼭 필요한 문법/독해/듣기/어휘/말하기 실력을 높이는 것과 함께 ▶ 중1 교과서 내용을 완벽하게 익히고, 중등 내신 시험에 필요한 다양한 형태의 문제를 풀 수 있는 능력을 키우는 것에 중점을 두고 있습니다.

3월 달에는 특히 문법과 내신준비에 많은 시간을 배정하여 학생들이 새롭게 배우는 중등영어 과정을 어렵지 않게 받아들일 수 있도록 하겠습니다.

매수업마다 학교별 교과서 본문 15개와 중등 필수 단어 60개 Test를 실시하여 내신과 영어실력 자체를 강화하는데 중점을 두고자 합니다.

매주 금요일에는 효과적인 듣기 수업을 위해 원어민 강사의 듣기 유형 및 실전문제 풀이 수업을 진행하고 있습니다.

4월부터는 중간고사를 대비하여 문법/어법/문장/말하기 패턴 학습 등에 중점을 두며, 학교별 교과서 중심의 수업을 진행할 예정입니다.

규영이는 방학기간에도 수업시간에 집중력이 높고 열심히 참여하고 있습니다.

문법부분은 다소 약한 면이 있지만 여러 번 생각하고 답을 결정하는 스타일이라 오답률은 그리 높지 않습니다.

본문과 단어 테스트는 충분히 준비해와 시험을 어렵지 않게 통과하고 있습니다.

중학생이 된 규영이가 영어 과목에서 좋은 성적을 거둘 수 있도록 최선을 다하겠습니다.

TIP 가정통신문 27 영어/수학학원에서 초등전과목 강좌를 개설할 때 안내문

[초등전과목 정규반] 개설 안내

학교시험을 대비비한 초등전과목 강좌가 9월부터 시작됩니다.

초등전과목은 주 3일 국어/사회/과학 수업이 이루어지며 수업은 담당 교사가 진행하는 학원학습과 가정에서의 온라인 학습으로 구분됩니다.

교재는 서술형 문제를 풀 수 있는 능력을 키우기 위해 [OPEN 논술] 교재와 선다형 문제 해결을 위해 [OPEN 왕평가] 및 온라인 문제를 활용할 계획입니다.

매시간 학습 후 홈페이지를 통해 과제물이 나가고, 과제 수행은 홈페이지에서 이루어지므로 학부모님께서도 쉽게 자녀의 학습내역을 확인하실 수 있습니다.

또한, 틀린 문제는 바로 인터넷으로 보충 동영상 설명을 들을 수 있으므로 학생들은 스스로 공부하는 습관을 만들 수 있습니다.

전과목 강좌에 대한 문의 있으시면 언제든지 연락 주십시오.

감사합니다.

초등전과목 강좌를 폐지할 때 안내문

초등전과목 폐지 안내

먼저 저희 성장학원을 믿고 소중한 자녀를 보내 주신 것에 진심으로 감사드립니다.

저희 성장학원은 교과부의 초등학교의 중간/기말 시험 강화 정책에 따라 국어/사회/과학 등 시험과목에 대한 준비를 위해 초등전과목 강좌를 개설해 운영해 왔습니다.

지난 몇 년 동안 초등전과목 운영으로 적지 않은 성과도 있었습니다. 그러나 당초 교육당국이 밝힌 것과 달리 중간/기말 및 월고사가 규칙적으로 시행되지 않고, 당초 교육청에서 예시한 서술형 문제와는 차이가 나는 단답형 문제 및 객관식 중심의 시험이 진행됨에 따라 전과목 강좌 운영에서 현실적인 문제점이 제기되었습니다.

또한, 전과목 강좌는 수준별 학습이 이루어지지 않아 수준별 학습이 이루어지는 영어 수학에 비해 학습효과가 다소 떨어지는 면도 있었습니다.

이에 저희 성장학원은 학생들의 수준에 맞는 영어 수학 수준별 학습을 위해 어쩔 수 없이 전과목 강좌운영을 중단해야 할 상황에 이르렀습니다.

전과목 강좌 운영에 필요한 원생확보를 못한 것은 학원의 운영상의 잘못이지만, 최소한의 수강생 확보가 안 되는 상황에서 전과목 강좌를 계속 유지하는 것은 현실적으로 어려움이 있음을 이해 바랍니다.

애초 전과목 강좌 개설이 영어 수강생을 위한 조치였고 전과목만 수강하는 학생을 별도로 받지 않았던 점을 이해 부탁드립니다.

그 동안 저희 성장학원을 믿고 전과목 강좌를 수강 신청해주신 학부모님께 뭐라 사죄의 말을 드려야 할 지 모르겠습니다.

그러나 이번 강좌 조정이 자녀들의 영어 수학 실력을 더욱 높이기 위함임을 이해해 주시기 바랍니다. 전과목 강좌가 폐지되는 대신 수학과 영어 강좌는 더욱 세분화될 것입니다.

1월부터 영어 수학 수강반이 하나씩 증가되어 더욱 세분화된 영어 수학 수업이 이루어질 것입니다.

수학은 학년별 최고 5개 반으로 나누어 경시수준의 수학반이 신설되고 영어도 새로운 수준의 수강반이 신설될 예정입니다.

이렇게 전과목 강좌 폐강을 알려 드린 것 정말 죄송합니다.

그러나 그 죄송함 이상으로 더욱 영어 수학에 집중하여 학부모님의 기대에 부응코자 더욱 노력하겠습니다. 감사합니다.

TIP 가정통신문 29   기말고사 대비 서술형 문제해결능력 강화 안내

초등 기말고사 대비 서술형 학습 안내

초등학교 시험에도 서술형 문제가 강화되고 있습니다. 초등 4학년 수학문제를 살펴보면 '사각형의 네 각의 합이 360도임을 증명하시오.', '96÷4=24가 되는 이유를 설명하시오.' 등 단순히 답을 맞히는 문제가 아닌 이유를 설명하는 식의 서술형 문제가 증가하고 있습니다.

변화된 시험 출제 경향에 맞춰 저희 성장학원은 서술형 설명형 문제에 대한 문제해결력을 높이기 위해 6월 한 달 기말고사 준비과정에서 서술형 문제에 대응 훈련을 집중적으로 실시할 계획입니다.

단순히 식을 세우고 풀이과정을 적는 수준을 넘어 답이 나오는 이유 및 과정을 체계적으로 서술하는 과정도 포함하여 학습할 계획입니다.

OPEN수학 교실에서는 주 1회 서술형 문장제 능력 강화를 실시하여 문제를 해결하는 능력과 함께 답안을 서술하는 능력까지 강화하기 위한 과정입니다.

학부모님의 관심과 격려 부탁드립니다.

TIP 가정통신문 30   영어 심화반 개설 안내

저희 성장학원에서는 향후 특목고 및 자립형사립고 진학을 목표로 하는 초등생을 대상으로 영어 교육의 양과 질을 높인 [Elite Class]를 신규 개설합니다.

신설되는 [Elite Class]는 A와 S의 2개 Level로 나누어 운영되며, S Class는 특목고 입학 수준의 영어 실력을 목표로 합니다.

[Elite Class]는 영어학습기간이 3년 이상의 학생을 대상으로 하며, 자체 선발 테스트를 거쳐 한 반 정원 7명으로 구성됩니다. 또한 듣기, 말하기, 읽기, 쓰기 등 영어의 전 영역을 집중 심화 학습하게 되며 영어전용 수업(E.S.L.학습)이 주 2회 이상 (S Class는 3회) 진행됩니다.

수강 희망생은 담당교사와의 협의를 통해 수강이 결정되오니 수강을 희망하시는 학부모님께서는 학원으로 연락 주시기 바랍니다.

학원 무료 컨설팅 안내

열린EDU컨설팅에서는
매주 화요일 10시
무료학원 컨설팅을 실시합니다.

**성장하는 학원 만들기
프로젝트에 도전하십시오.**

장소 : 삼성동 SBA 서울장년창업센터
　　　(지하철 2호선 삼성역 도보 5분)
시간 : 매주 화요일 10시 ~ 12시(1시간 상담)

블로그를 통해 사전 예약 필수.
예약 : Blog.naver.com/mrconsulting
　　　(안부 게시판에 예약 후 일정 확정)

휴대폰으로
QR코드를 촬영하면
블로그로
바로 갈 수 있습니다.